今日からワーキングプアになった

底辺労働にあえぐ34人の素顔

増田明利

彩図社

はじめに

ここのところ景気のいい話が聞こえてくる。「大手相次いでベア実施・年間一時金満額回答」「人手不足感拡がる」「失業率３・３％、18年ぶり低水準」などなど。一部の経済指標も良くなっているといわれているが、「景気が良くなった」という実感はあまりない。

デパートや高級ブランド店では値段の高いものから売れていくとか億ションが即日完売したという話もあるが、こんな話は一部の富裕層のこと。ほとんどの人たちはいかに出費を抑えるか、どうやって無駄を削るかに腐心している。つまり、持つ者と持たざる者の差が拡大しているわけだ。

所得格差がじわじわと拡大するなかで形成されてきた新たな階層集団が年収２００万円に満たない〝ワーキングプア〟と呼ばれる人たち。

その数はというと、２０１４年発表の国税庁・賃金構造基本統計調査では２０１３年段階で年収２００万円未満は１１９９・９万人で全体の24％にもなる。

厚生労働省の国民生活基礎調査では全世帯の平均所得は約５３０万円（中央値は４１５万円）だったが、所得が２００万円に満たない世帯が20・５％。全世帯の61％が平均以下という数字も報告されている。

また、２０１４年師走の衆議院総選挙で政権与党は雇用が１００万人増えたと喧伝していたが、そのうち正社員はどれぐらいかというと、実は減っていた。２０１２年7～9月期の正規雇用労働者は３３２７万人だったが、２０１４年7～9月期は３３０５万人で22万人の減。逆に同期間の非正規雇用労働者は１８２9万人から１９５２万人へと１２３万人の増加。差し引きで１０１万人増加したというだけだ。

これらの数字に目をやれば、とても景気が良くなったなどと浮かれている場合でないことがよくわかる。

本書は34人のワーキングプアの人たちに取材をし、そのナマの声を収録したものだ。

第1章「正社員のはずなのに……」では、正社員でありながらワーキングプア水準で暮らしている人たちを取り上げた。正社員だから安心と言っていられる時代ではなくなったことを彼らの声が証明している。

第2章「失業で暗転する人生」では、倒産やリストラなどで職を失いワーキングプアに転落してしまった人たちの声を収めた。

第3章「女性ワーキングプアの実態」では、シングルマザーの生活やワーキングプアの家庭を切り盛りする主婦、薄給の美容師などを取り上げた。

第4章「非正規労働者のなげき」では、派遣労働、フリーターなど不安定な雇用形態で働いている人たちの声を、第5章「明日の見えない若者たち」では、20代から30代前半という年齢で苦境に立たされている人たちの声を収めた。

彼らはなぜワーキングプアに陥ったのか？　どのような暮らしをして、どのような問題に直面しているのか？　そして自分が今後ワーキングプアにならないと言えるのか？

実態を直視することでワーキングプア問題への理解が深まればと願う。

今日からワーキングプアになった
——底辺労働にあえぐ34人の素顔——

目次

第2章　失業で暗転する人生

第3章　女性ワーキングプアの実態

第4章　非正規労働者のなげき

【第１章】正社員のはずなのに……

この給料では生活できない

須藤哲也（51歳）

NO.01

出身／神奈川県相模原市　最終学歴／高校卒
現在の居住地／東京都豊島区　居住形態／公営団地
職業／給食サービス会社勤務　収入／年収約310万円
家庭状況／妻、子ども1人

「今年は源泉徴収票が4枚でしたね。あちこちで所得税を引かれているのでかなりの還付金があると期待していたんですが、3600円しか戻ってこなかった」

須藤さんの本業は給食サービス会社の正社員。ある大学病院の中にある職員と来訪者用の食堂で調理補助や売店の販売員として働いている。入院患者に提供する病院食は別の専門業者が入っているということだ。

雇用形態は正社員だが賃金が低いために副業をやらざるを得ない。短期間アルバイトや日払いアルバイト、派遣でも働いているから毎年1月中頃には給与所得があったところが源泉徴収票を送ってくるのだ。

須藤さんは82年に山梨県内の工業高校を卒業し大手電機メーカーに就職。製造現場での組立て、検査、ラインの管理などの業務に携わっていた。ところが不景気と工場の統廃合が繰り返されたために数度の転勤があり、遂に04年にリストラで希望退職を選択することになった。

退職後は製紙会社、運送会社に勤めたがそこでも人員削減や部門の売却があり転職を繰り返すことになる。そして12年半ばからは４度目の仕事として給食サービス会社に入社したということだが転職するたびに賃金は下がっている。

「面接のときのことなんですがね、人事の人に『**うちの給料では生活していくのは困難だから奥さんにも働いてもらってくださいね**』と言われましてね。面食らった。採用面接でこんなことを言う会社は初めてでしたよ」

実際の労働条件、賃金はどんなものかというと「本当に安い。情けなくなってくる」という金額だ。正社員なのに日給月給制、手当は一切なし。残業もない。

「**正直に言えば月給は16万円程度**。ボーナスは出るけど年間で25万円ぐらいなものです」

本業での年収は２２０万円がいいところだ。これでは家賃を払い、子どもを学校に通わせて世間並みの暮らしをしていくのは不可能。だから副業が命綱なのだ。

年間を通してやっている副業はオフィスビルのクリーニングスタッフ。自宅と病院の間にある新宿の高層ビルで18時から20時30分まで各事務所内のゴミ回収と掃除機掛けをするのが仕事だ。

「時給は1100円です。月20日出て皆勤手当込みで5万7000円の収入です。交通費が別途1日400円支給されるんですが、昼の仕事の定期券で賄えているから800円は小遣いにしています。しみったれた話だけど」

この仕事はたまに30分の延長があるから年間にすると70万円ぐらいの稼ぎになる。

ビル清掃の他に昨年やった副業は、大手水産会社がデパートに出している鮮魚店で年末年始だけの短期アルバイト。魚のパック作りや寿司製造の手伝いを10日間。これは派遣会社経由で日当は8500円だった。

「**あとは月2回だけ引越し業者の作業員もやっているんだ**。隔週土曜日だけ5、6時間ですね。一般家庭の引越しで1日2件やります。これは仕事が終わったら即営業所に戻れるのでさほどきつくない。雨の日は嫌だけど」

この仕事は日払いアルバイトで日当は9000円。去年は23回出勤したので20万円を超える収入になった。

「これだけ仕事を掛け持ちして去年は何とか年収310万円をクリアした」

だけど年間の労働時間は2700時間以上、1時間単価は1200円にもならない。若いときは「人間、生きていくためには働かなきゃならない」と思っていたが、今は「働くために生きているようなものだ」と思う。

「体調は良くはないな、疲れが抜け難くなっているのが自分でもわかりますよ」

仕事の掛け持ちはもう7年も前からで40代のときはそれほど負荷を感じることはなかった。丸1日休めばシャキッとしたけど50代に入ったらそうはいかない。今は日曜日は完全休養日にしているが目覚ましをセットしないと正午頃まで目が覚めない。土曜日の夜から12時間以上も泥のように眠っていることがある。

「**本業にせよアルバイトにせよ作業職だから腰にくるんだ。**一昨年半ば頃から軽い腰痛が出てくることがある。今のところはマッサージ薬を塗り込んで一晩眠ると楽になるんですが椎間板ヘルニアとか脊椎すべり症が心配ですね」

今のところは奥さんも大手スーパーのパート社員で働いていて月8万円、年収で100万円弱の収入を得ており生活が危ぶまれるというところまではない。だが奥さんの仕事も非正規だから必要がなくなったり体調が悪くなれば簡単に切られるから安穏としてはいられない。須藤さん自身も年齢と共に体力が落ちていくわけだからいつまでも複数の仕事を掛け持ちするのは無理だ。

「**今は何とかなっているけど5年後、10年後はどうかと考えるとブルーになる**」

ひとり息子は今年大学3年生になって就職活動を始めたが、親がこんなに苦労している姿を見ているので公務員が第一志望。試験日が重ならないよう受けられるところはすべて受けるつもりだという。

「結婚したのが23年前（28歳のとき）でまだバブル景気の余韻があった。5、6年は社宅で暮らして銀行ローンと社内融資でマイホームを買おうとか、昇格試験を受けて主任を目指そうという感じで希望が持てていましたね。**今は先の見通しがまったく利きません**」

収入や仕事の密度、生活レベル、社会的信用度などは年齢と共に高くなっていくと期待していたがまったく違った。今は仕事で汗を流しているときだけ、現実を忘れることができる。

介護の現場はつらいよ

野口綾子（35歳）

NO.02

出身／東京都葛飾区　最終学歴／短大卒
現在の居住地／茨城県石岡市　居住形態／県営住宅
職業／介護ヘルパー　収入／月収約19万円
家庭状況／夫、子ども１人

「現在は社会福祉法人が運営する老人介護施設（特別養護老人ホーム）で介護の仕事をしておりますが、来月の末には退職することになっています。**辞める理由ですか？　とてもではないが体力がもたない。わたし自身が半病人のようになってしまったからです**」

野口さんは東京の短大を卒業して小売業に就職、約８年勤めた後に寿退職。その後、夫の仕事の関係で茨城県に移ってきた。当地に来てからは専業主婦だったが約８ヵ月前に社会福祉法人に再就職し介護の仕事を担ってきた。

介護を仕事に選んだのは野口さんの祖母が自宅で転倒、骨折し要介護になり、入所したデイサービス施設でボランティア的な手伝いをするようになったのがきっかけだった。

「人間、誰しも老いていくわけですし、誰かがやらなければならない。こんな使命感のようなものがありましたね」

ハローワークの資格取得支援プログラムに参加、ヘルパー2級を取得して正社員として採用されたがここで福祉の世界の現実を見せつけられることになる。

「**施設は圧倒的に人手不足です**。入居者は90人近くいるのですが正社員とアルバイトの合計15人で回しているんです」

ところがアルバイト、定時パートが新しく入ってきても激務に耐えかね3ヵ月でほとんどが辞めてしまう。その穴を埋める正社員はアルバイト以上の激務を強いられることになる。

採用面接では、勤務時間は早番7時～16時、日勤9時～18時、遅番10時～19時、夜勤は17時30分～翌9時30分。休日は月9日で夏冬3日の指定休日、有給休暇ありという説明だった。ところがローテーション通りの勤務でいいのは月に2、3日だけ。

「突発的な残業や早出は当たり前で、遅番で出勤したら帰れるのは翌日の正午なんてことが頻繁にあります」

夜勤は1勤務につき5000円の手当が出るが4勤務で打ち切り。人手不足で応援に駆り出されても1円の手当も出ない。

「平均すると1ヵ月の労働時間は240時間以上です。給料は諸手当込みで約19万円だから時間単価は800円を切っている。この金額はファミレスのバイトの時給より安い。責任の重さに見合っていないと思います」

介護施設の収入の大部分は介護保険による介護報酬。介護報酬には上限があり、しかも高くない。施設では定員が定められているので収入の上限も決まっている。利益を出そうとすれば介護職員の人件費を削るしか方法がない。

要介護度が高い利用者を多く受け入れて人員を最低限に抑えると儲けが出る仕組みになっているのだ。

少ない人数で多くの入居者の面倒を見なければならないので仕事は激務。入浴、排泄、食事の介助と病院への付添い。施設内で行われるレクリエーションの運営など。所定の休憩時間も満足に取れない。

「働き始めて3ヵ月経った頃に突然、左の耳が聞こえなくなりました。慌てて耳鼻咽喉科で受診したら突発性難聴だという診断でした。多くは過労から起こるものだそうで、先生に自分の仕事のことを話したら、それが原因でしょうと仰ってました」

このように体調を崩しても簡単には休ませてもらえないし、比較的軽度の仕事に振り替えてくれることもない。施設長に「プロなんだから」と言いくるめられておしまいだ。

「今は両腕と膝、腰が慢性的に痛みます。時々だけど立ち上がれないこともあるし」

交替勤務なので体内時計が狂い睡眠障害になったり、腰痛がひどく腰にコルセットを巻いて仕事をしている人もいる。

だから資格を持っている正社員でも辞めていく人が多い。直近2ヵ月に辞めたのはいずれも男性社員だったが「この給料では家族を養っていけない」「子どもを学校に入れてやれない」そして「この仕事をやっていたら自分が病気になってしまう」と言っていた。

「1人はわたしと一緒に入った人で、以前はタクシードライバーだったそうです。事故を起こして辞めたらしいけど、やっぱりタクシーの方が稼げるということで元の仕事に戻ると言っていました。もう1人はどこかのメーカーの期間工に採用されたみたいですね。その人も、ここと同じ時間働くのだったら30万円以上の収入になる、**もう馬鹿らしくてやっていられないと捨て台詞で辞めていきました**」

施設の運営会社も新規採用を通年で行っているが応募者は少ない。就職シーズンになると高校生が職場見学や就労体験で来所するが、帰るときには「やっぱり一般企業の採用試験を受ける」となってしまうらしい。

野口さんがいよいよ「もう続けられない」と決断したのは先月のこと。アルバイトや夜勤パートの退職者が相次ぎ、ついには夜勤の時に3人で90人を介護しなければならない状態に陥ったのだ。

1人で30人の入居者の面倒を見るとなると、おむつ交換などの業務で精一杯だ。高齢者だから下痢、嘔吐、発熱はよくあるが1人1人の状態を観察し対処する余裕はない。**「入居者の容態が急変してもきっと気付くことができない**。事故が起きる夢を見た夜、辞める決心をしました。責任ばかりを押し付けられても困りますから」

上司や施設長は「みなさんは介護のプロ」「専門職だ」と言うが、プロならそれ相応の処遇があって当然。奉仕の精神やボランティア精神を利用されているとしか思えない。

大卒正社員でも年収320万円

片岡博明（31歳）

NO.03

出身／群馬県沼田市　最終学歴／大学卒
現在の居住地／東京都中野区　居住形態／賃貸アパート
職業／自動車部品販売会社・営業職　収入／年収約320万円
家庭状況／独身

「新聞を見ると親会社は過去最高益とか一時金満額回答と景気のいい話題を提供しているけど、それはあくまで親会社のことです。**子会社の給料はびっくりするくらい安いんです**」

深い嘆息交じりで話す片岡さんは、ある大手自動車会社直系のメンテナンス部品販売会社で働いている。仕事はディーラーや修理工場、陸送、運輸関係の大口さんを回り、部品や消耗品を販売するものだ。

「仕事にも待遇にも大いに不満がありますね。仕事量は増えているのに給料はほとんど上がらない。長く勤めても上のポストに就けることも絶望的だし」

社名には親会社の名を冠しているがしょせんは子会社、給与規定や福利厚生は格段に劣る。片岡さんが最も不満に思うのは勤務時間の長さ。出社するのは8時半頃、朝礼と連絡事項の確認を終えると車で顧客回りに出る。途中、15時前後に一度戻るがまた外回りに出て帰社するのは19時過ぎ。戻ったら伝票の作成や日報の記入があり終業は早くて21時近く。遅いときは22時を過ぎていることもある。

「ところが**残業代は月に10時間分だけ**ですからね。あとはサービス残業の嵐だよ」

会社は「残業するな」と言い、水曜日はノー残業デーとしているが具体的な業務軽減の方策はまったくない。早く切り上げられればそれに越したことはないが現実には仕事が多くて帰りたくても帰れないのだ。具体的な収入はどうかというと、入社以来、月収や年収は微増止まり。ここ最近の景気回復も蚊帳の外なのだ。

「定期昇給は毎年実施されているのですが、入社8年目でも基本給は1万4400円しか上がっていません」

月給は10時間分の残業代と7000円の住宅手当が付いても額面で約22万円。夏冬の賞与込みでも年収は約320万円。少し前の夕刊紙に著名企業の給料事情を扱った特集があり、親会社のことも紹介されていたのだが入社15年目の37歳で管理部門所属のリーダーの場合、基本給と職能給、残業代、住宅手当、扶養家族手当などを合計した月給が約42万円。賞与込みの年収は約720万円ということだった。

「同僚と回し読みしていやーな気分になりました。先輩たちの話では子会社採用だと50代の管理職でも年収は500万円台前半がいいところだそうです。親会社の半分程度ですよ。うちの給料で妻子を養い、子どもを大学まで通わすのは至難の業でしょうね」

片岡さんは営業担当なので厳しいノルマも課されている。これも辛い。

「月にタイヤを何本、バッテリーを何個というように目標数が決められているんです。だから本当はまだしばらく使える物でも、これでは燃費が悪くなりますよとか修理するより交換した方がランニングコストは下がりますなんて嘘をついて数字を達成することもあります」

ノルマを達成すれば褒賞金が出るがせいぜい3000円。嫌になって辞めていく人も多い。

「上の方は親会社の方ばかり見ていて我々には文句と嫌味だけ。誰も口にしていませんが不満が渦巻いている。雰囲気でわかります」

実際のところ社員の定着率は高くない。早期に辞めていく人が多いのはわかるが勤続10年、15年という人でも退職していくことがある。

「わたしの場合、**大卒で入った同期は6人でしたがもう3人辞めている。**営業所のパソコンで転職サイトを閲覧している先輩もいますよ」

会社の内情はこんな感じなのだが実情を知らない人たちからは「大手のグループ会社だか

らいいんでしょ。一生安泰じゃない」と言われることがあり、とても複雑な気持ちになる。「歯科医院に通っていたときのことなのですが、窓口に保険証を出したら事務の女性から『○○**自動車にお勤めなんですね。羨ましい**』と言われました。『わたしは子会社の者ですから』とは言えないから適当な相槌で誤魔化していたけど」

就職が内定したとき両親や親戚は「なかなか入れるものじゃないぞ」と喜んでくれたし片岡さん自身も「大手直系ならリストラや倒産の心配はない」と安心していた。

「就職活動をしていた頃（04～05年）は超氷河期と言われていて、サークルの仲間やゼミの同級生には内定を取れず進路未定で卒業せざるを得なかった人が相当数いた。それに比べれば大手の冠が付いている会社に入れたのは運が良かったと思ったけど錯覚していましたね」

親会社の経営方針は利益最優先で、たとえ直系の子会社、関連会社でも儲けの薄いところは統合させたり清算することもあるから、この先、雇用が確保されるのかも心配になってくる。

「今の営業所に異動して親しくなった先輩に、ちょっと愚痴めいたことを話したら、辞めるのなら早い方がいいぞと忠告されました。その人はもう40歳で奥さんと子どもがいるから、俺の歳になったら我慢するしかないが30代前半ならリセットできるって」

上を見たらきりがない、下を見てもきりがないと思って我慢するか、年齢的に門戸の広い今のうちに転職するか……。心が揺れる。

NO.04

泊まり勤務のプログラマー

江藤宗幸（25歳）

出身／山梨県甲府市　最終学歴／大学卒
現在の居住地／埼玉県三郷市　居住形態／賃貸マンション
職業／プログラマー　収入／月収約24万円
家庭状況／独身

「昨日は最近では早仕舞いできた方です。それでも会社を出たのは夜10時だったけど。**今月はもう3日も会社に泊まりました**。仕事が終わらないから仕方ないですね」

独立系のソフトウェア開発会社でプログラマーとして働いている江藤さん、顔色は蒼白く眼は充血していて疲れているんだなあというのが一目でわかる。

会社は資本金1500万円で従業員はアルバイトを含めて20人の少所帯。独立系といえば聞こえはいいが、早い話が下請けの下請け。

「受注できた仕事は何でもやるというスタンスですね。ここ最近で担当したのはドラッグストアのＰＯＳシステムの更新、工作会社の製造ロボットの作業プログラム作成、健保組合の保険料算定システムの設計などです」

仕事は多岐に亘っているので面白いといえば面白い。しかし、仕事量が増え続けていて人手が追いついていない。これが過重労働の温床になっている。

「残業、残業、また残業……」。こんな感じですよ」

21時に会社を出られるのは早い方で日付が替わっても仕事をしていることが月に5、6日ある。納期に間に合わせるために会社に泊まることも珍しいことではない。

「今日は泊まり込みとなると22時頃から交代で地下鉄に乗って2駅先にある銭湯へ行くんです。帰りがけに食料を調達し、午前零時になるとまた仕事を始める。こんなことが月に3日はありますね」

仮眠は取るが休憩室などはないので応接セットか会議室が臨時の宿泊所代わり。ソファーや椅子を確保できないときは床で横になることもある。

「物置に業務用のエアクッションシートが入っているんです。新人のときは何に使うかわからなかったのですが、これが泊まり込みのときの必需品なんです。業務用だから幅は150センチある。5メートルぐらいの長さに切って6、7層折るとベッドのマットみたいになるんです」

これなら床に寝ても身体が痛くはならない。冬場は身体に巻き付けると断熱効果もあるから寒さも平気。11月から3月末頃までは夜になると蓑虫のような格好の社員が何人か床に横たわっている。

こんなに働いているからさぞ高給取りなのかと思うが、こんな回答が返ってくる。

「給料ですか？　そんなにもらっていません。まだ入社3年目で基本給が低いこともあるけど、諸手当込みの額面で約24万円です。手取りだと20万円ちょっとですね」

詳細な金額は基本給が20万1６００円で固定残業代が2万5０００円。他に食事補助5０００円と住宅手当が8０００円ということだ。この中の固定残業代が曲者で、どんなに時間外労働をしても会社は2万5０００円以上はビタ一文払わない。タダ働きさせられているわけなのだ。

「定時で上がれるのは稀で大概は残業2時間半、これが普通なんです。**泊まりになると残業8時間、もう残業というレベルではないよ**」

基本的には土日、祝日は休業ということになっているが繁忙期には土曜日も日曜日も出勤し、ほぼ通常通りの時間を働いているので超過勤務の総時間数はベラボーになる。

「一度、きっちり記録を付けておいたことがあるのですが、最も多かった月は85時間も時間外労働していました。平均して月75時間以上になる」

江藤さんがもらう給料のうち純粋な賃金は基本給と固定残業代を合わせた22万6600円。所定労働時間160時間と平均した残業時間75時間の計235時間で割ると時間単価はたったの約960円。

「専門学校生や大学生のアルバイトが5人いるのですが、その人たちの時給は1100円なんですよ。**3年目の正社員なのにアルバイト以下の賃金で働いている**のは馬鹿みたいだと思う」

基本給から算定した本当の残業代は少ない月でも約11万円、多い月は13万円を超える金額になる。それなのに2万5000円で打ち切られるのは納得がいかない。これは江藤さんだけでなく社員全員が思っていることだ。

「一番社歴の古い社員が残業代や休日出勤の手当は支給をきっちりしてほしいと社長に要望したのですが、『そのうち何とかする』『うちも苦しいんだ』で誤魔化されておしまいでした」

別の社員が深夜帰宅する際にはタクシー代を出してほしいと要望したら「残業を強制してはいない」「会社を潰す気か！」と逆ギレ。

「こんな会社だから人の出入りが激しい。入社してまだ2年半だけど先輩社員は4人も辞めている。アルバイトも3ヵ月から半年でそっくり入れ替わります。社員の定着率は恐ろしく低い」

江藤さん自身も「そろそろ逃げた方が身のためかな」と思い始めている。このままでは身体を壊すのではないかという不安があるからだ。

「夏の終わりに風邪をひきまして、病院で受診して薬もちゃんと服用しているのに3週間も良くならなかった。そんなわけで全身状態をチェックしましょうということになり、色々な検査を受けたのですが**医師から栄養不足という指摘を受けました。**『えー、俺って栄養失調なの』と驚いたし恥ずかしかった」

食事はほとんどが出来合いの弁当かジャンクフードの類。しかも不規則な食生活で野菜や果物などを摂ることはないから当然といえば当然だ。

こんな江藤さんが心の支えにしているのがサービス残業を終えて帰宅する途中、他の会社のオフィスにまだ灯っている照明。「自分よりも大変な人がいるんだなあ」と思うと、もう少し頑張れるような気になるという。

いらない服を買わされて

本田淑恵（24歳）

NO.05

出身／東京都府中市　最終学歴／大学卒
現在の居住地／東京都府中市　居住形態／実家暮らし
職業／アパレルメーカー・事務職　収入／月給約20万円
家庭状況／両親、兄

「先月は下期の決算月でしたが売上、利益が芳しくないということで**売れ残りの商品を大量に協力購入させられました**。お給料の半分がこれで消えてしまったのでピンチです」

本田さんは新興のアパレルメーカーに勤める2年生社員、担当業務は営業管理事務だ。会社は創立して15年足らずの新興企業、主に若者向けの中級商品をラインナップしており納入先は衣料品量販店や中堅スーパーが大半だという。

「お給料（月給）の総額としては少なくはないと思います。ベースの基本給が低めに設定されているのは不満ですけどね」

具体的な数字はというと基本給と付加給（給与調整金のようなもの）、15時間前後の残業代、食事補助を合わせた総額で20万円と少し。手取りだと16万円台の前半だ。

「大学時代のお友だちと会って収入のことが話題になるけど大抵が同じような金額です。今の時点では地方公務員になった人より少し多いぐらいかな」

社会人2年目の月収としては多くはないが少なくもない。世間一般的な水準であることは確かだ。ところが手取りとなると事情が違ってくる。

「2ヵ月に一度の割合で売れ残り商品の割り当てがあるんです。自発的な意思による協力購入という体裁ですが先輩社員は**『自爆』**って言ってます。この金額が馬鹿になりません」

デザインやセンスが悪くて売れ残った商品を半ば強制的に買い取らせるのだから質が悪い。

「若者向けのTシャツ、トレーナーからYシャツ、ジャケット。冬物はダウン製品、コート類などを何着か購入するわけです」

金額的にいうとTシャツやトレーナーなら1万円分。ジャケットやスーツになると卸価格でも2万5000円ぐらいになる。

「父も兄も会社勤めなのでYシャツは必需品でしょ、これは引き取ってくれるので助かります。Tシャツもアンダーウェアとして使えるので友だち営業して助けてもらっていますが一着で1万円を超えるものはなかなか捌けませんね」

トレーナーは家族全員のパジャマ代わりにして使い、地味目なデザインのカットソーは母や伯母が引き取ってくれるが2ヵ月ごとにお願いするのは、やはり気が引ける。

「今年の年始はクリスマス商戦で売れ残った冬物を5万円分も押しつけられて困りました」

処分に困って先輩社員とフリーマーケットで並べてみたことがあるが売れ行きは良くない。小売店の店頭に出たら1万3０００円前後の値札が付くダウンジャケットも5０００円で売れれば御の字だった。

「半分近くはユーズドショップに買い取ってもらったのですが驚くほど安く買い叩かれました。全くの新品で包装は未開封でも原価の15〜20％でしたよ。トップブランドや希少品というわけじゃないから仕方ないけど」

スーツ、コートなど3万円分の商品を査定してもらったら6０００円。大赤字もいいところだ。

「年末と上期、下期の決算月は協力購入の点数も金額もドンッと増えるので大変です。管理職の人だと10万円以上も押し売りされるみたいです」

これが嫌で辞めていく人が多い。社員の年齢構成は28歳以下が大多数で、その上の年齢層がポッカリ空いている。あとは40歳以上の管理職が数人。

「去年の4月に入社したのですが2ヵ月後にわたしと入れ替わるように4年勤めた男性社員が退職していきました。その人、**『ここにいたら自己破産しちゃう』**なんて捨て台詞で辞めていきましたよ」

中間決算にあたる先月はこの協力販売の割り当てが7万円分にもなった。給料は社会保険料と所得税、住民税を引かれた差引支給額が16万3000円あまり。7万円分も自社製品を購入したから口座に振り込まれたのは9万3000円。溜め息しか出てこなかった。

「夏物なので男性用だと半袖のドレスシャツや麻製のジャケット。女性ものはブラウス、Tシャツなど。そして靴下が20足。もう持て余していますよ」

甥っ子、姪っ子がいるような年配の社員ならお誕生日プレゼントに代用することも可能だろうが本田さんは家族と友人が頼り。

「何とか引き取り手があるのは3分の1でしょうね、あとは古着屋さんに持ち込むしかない。4万円ぐらいは損を被る覚悟です」

本田さんは就職して1年6ヵ月になるが、これまでの協力購入は約30万円分になるという。あちこちに頭を下げて購入してもらったのは10万円分程度。あとは2掛け、3掛けで処分するしかなかった。15万円近くのお金をドブに捨てたことになる。これでは貯蓄をするとか自分のために何か投資するということもままならない。

「決算の前月に2年上の先輩社員が退職しました。同期で営業を担当している男性社員も今月で辞めるということです。２人とも表立って口にはしていないけど『**これってブラック企業じゃないか**』と思っているんじゃないかな。正直なところ、わたしも次のあてが見つかったら辞めようと思っています」

デザイナーやパタンナーといった専門職ならアパレル関係にこだわりがあるだろうが本田さんは単なる一般事務職。元々、今の会社が第一志望だったということでもない。

「卒業3年以内なら第二新卒扱いしてもらえるでしょ。辞めるのなら早い方がいい。会社の将来性もなさそうな感じだし」

会社に愛着があるとか辞めるのが惜しい仕事とは思っていないのだ。

一年中休む間もなく働いて

野村雅樹（47歳）

NO.06

出身／栃木県真岡市　最終学歴／高校卒
現在の居住地／埼玉県朝霞市　居住形態／公団住宅
職業／容器包装材メーカー勤務　収入／年収約320万円、他に副業
家庭状況／妻、子ども2人

「本業以外のアルバイトをやるようになってそろそろ2年ですね。**正直言って身体がきつい。いつも眠たいと感じます**。疲れているんだなあと思う。出勤するときの電車で熟睡してしまい乗り越したこともあるんですよ」

野村さんはスチール、アルミ缶や食品用のトレーなどを製造しているメーカーに勤めていて工場の製造ラインの設計、保守、運転管理を担当している。そろそろ勤続30年になるベテランで会社での職位は係長だ。

会社の規模はやや大きい中小企業といったところだが業歴は長く、食品や飲料、化学など

の中堅メーカーから安定した仕事があり堅実な経営を誇っていた。ところが東日本大震災の影響が大きく11年以降は苦戦続きだという。

「北関東、東北は規模は小さいけど多くの顧客がいたそうです。そこが廃業したり長期休業に追い込まれたりだったから途端に苦しくなった。会社の上の人たちはこう説明していたけどね」

まず、仕事量が減ったから残業がほとんどなくなった。これで月約4万円の減収。ボーナスも減額に次ぐ減額で4年前に比べると6割のカット、金額にしたら年間で40万円も減らされた。合計すると年収で約90万円が消えてしまったことになる。

「1年ちょっとは皆、様子見していたけど一昨年頃から辞めていく者がチラホラいます。ところが**人が減っても仕事に支障がない**のだから、ちょっとヤバイなって思います」

賃金のカットだけでなく最近は福利厚生まで削られている。昼食は会社で給食弁当をとっているのだが、以前は月3000円の補助があったので自己負担は6000円ですんでいた。ところが補助が打ち切られたので全額自己負担することに。夏冬にあった会社主催の慰労会も廃止、永年勤続の表彰式もホテルの宴会場から工場の集会室に変更だ。

「副業や兼業は会社規則では禁止されているのですが、少なからずの者が短期のものを含めてやっています。**会社の給料だけじゃ暮らしていけませんよ**。特に扶養家族のいる中高年は大変だもの」

内緒話や又聞きの類だが、飲食店の夜営業でホール係をやっている、土日だけバイク便のライダーをやっている、お盆休みや年末年始は派遣会社に登録して日々紹介の日雇い仕事をしていた、若い女子社員だとクラブでコンパニオンをしていたなどの話が聞こえてくる。

「わたしは去年の2月から家の近くのコンビニで土日、祝日だけパート仕事をしています。妻も以前からホームセンターで事務処理の半日アルバイトをしており、その収入が月7万円あるのですが、これはほぼすべて子どもたちの教育費に消えてしまいます。**生活の質を落とさないためにはわたしがダブルワークするしかありません**」

勤務時間は正午から19時まで。休憩が45分なので実働時間は6時間15分。時給は1000円という条件だ。

「仕事はレジ打ち、商品の陳列補充、公共料金の支払い受付、店と周辺の掃除やゴミ回収など。やはり主婦パートの人とコンビを組んでいます。学生のアルバイトは急に休んだり突然辞めたりするらしく社会人のわたしは結構重宝されていますよ」

当初は4時間勤務ということだったが人手不足もあって長時間勤務に変更された。週末だって特に用事はないのだから稼げる方がありがたい。怖いのはコンビニ強盗だが店は人通りの多い商店街にあるし、深夜、早朝の勤務ではないので心配なさそうだ。

「少ない月で8日、多い月だと12日出るので月収は5～7万5000円。去年は105日出勤したので65万円ほどの収入になりました。消えた年収分には届きませんが、これがあるのとないのとでは大違いです。ホント、助かった」

金銭的な問題はひと息つけたが身体への負荷は重い。

「副業を始める前は70キロあった体重が65キロまで落ちましたからね。食事制限したり運動して減量したわけじゃないのに」

風邪をひきやすくもなり、ちょっと冷たい空気に触れると扁桃腺が痛くなる。そのうえ若いときより治りが遅くなっている。最近では左肩の周辺に四十肩の兆候も出ている。

「つい2週間前は**風呂場で溺れそうになった**。浴槽に浸かっていたらウトウトしてしまい顔がお湯の中に落ちました。マンガみたいな話だけど本当ですよ」

こんなことがあると同世代の人たちの過労死、突然死は人ごとでないと不安になる。

「副業を始めた最初の頃はこんなことはなかったし、疲れが溜まっているという自覚症状もありませんでしたが3ヵ月ぐらい前からドッと出てきている感じです。やはり休みなしで働き続けるのはしんどいですね」

とはいえ副業を完全に辞めると経済的に苦しくなる。そのため土日も連ちゃんで働くのは止め、週中の火曜、木曜に3時間、土曜日は5～6時間の出勤でいいような仕事を探そうと思案しているところだ。

「会社の有給休暇は30日以上積み増ししているので体調がすぐれない日は申請して休むことがあるけど、アルバイトのために本業を疎かにしたり病気になったら元も子もないでしょ。週に1日は完全休養日を確保したいですね」

会社の業績が回復して年収が元通りになれば副業から足を洗えるが今のところは望み薄、まだ頑張るしかない。

現在、野村さんがゆっくりできるのは日曜日の20時から22時頃までのわずかな時間だけ。缶ビールをチビチビやりながらテレビを観ていると瞼が重たくなってきて布団へ直行。翌朝の7時までトイレに起きることもなく眠り続ける。

少子化でピンチになった塾講師

前川貴之（41歳）

NO.07

出身／東京都目黒区　最終学歴／大学卒
現在の居住地／神奈川県横浜市　居住形態／分譲マンション
職業／学習塾講師　収入／年収約３１０万円
家庭状況／妻、子ども２人

「代々木ゼミナールが校舎を大幅に縮小するという報道の後、秀英予備校も教室を20校閉鎖するという新聞記事がありました。この業界もいよいよ駄目なのかなと思いますね、とにかく**生徒の数が減り続けている**」

前川さんは準大手クラスの進学教室で小学生、中学生に数学と理科を教えている講師。教室の責任者も務めている。

少子化の影響が大きく受験業界はどこも青息吐息、どんなに派手な広告宣伝を打っても生徒は最盛期の半分程度に減っている。ここ数年は塾同士の生徒争奪戦も激化している。

「わたしがこの業界に入ったのは19年前の95年でした。その頃も不景気だったけど教育産業はむしろ拡大期だったんですよ。いじめ、校内暴力、学力低下などが指摘され公立不信が高まるのと比例して私立人気が高まっていった。生徒集めに苦労したことはありませんでしたね」

待遇も悪くなく初任給は大手企業並み。ボーナスの支給額も半期で50万円出たこともあった。人気講師ともなれば他の進学教室や予備校からスカウトがかかり、年収倍額で移籍していった同僚もいた。

「不景気で先の見通せない時代だからこそ教育が大事という保護者も多かった。学歴は一生付いてくるわけだから」

中学受験では中高一貫の進学校、高校受験では上位大学の付属校が人気で1ヵ月の授業料が4万円を超えていても受講生は増え続けていた。

「生徒の数が減り始めたのは06年頃からですね。ひと足先に少子化対策を始めた中堅の私立高校が推薦入学の枠を拡げたため受験が緩和されたのが大きい。上位校を狙う生徒の数は限られているのでパイの奪い合いみたいになりました」

生徒の数が少なくなっていくに連れて収入も右肩下がりの連続だ。

「一番いいときで半期の賞与は55万円出たときがあったのですが、この4年間は半期ごとに下がっていて去年（13年）の冬はとうとう10万円を切ってしまった。本俸のカットも始まったので5年前と比べると**年収は120万円も下がっています**」

収入が減って最も困ったのが住宅ローンの返済。マンションを購入したのは10年前で新築のマンションでも随分値下がりしており割安感があった。ローン返済も当初の5年間は家賃を払っていた頃と同額だったので苦にはならなかった。

「**今は夏と冬のボーナス時払いが重たいですね**。約12万円の支払いですから。月々分が6万円なので6月と12月は18万円近くを返済しなければならない」

これまでは共働きの妻の収入があったからローン返済を滞らせることはなく、生活全般も貧困家庭まで下がっていなかったが、今年（14年）の初めに妻が勤めていた会社（デザイン会社）が廃業したため一気に生活が苦しくなった。

「妻も新しい仕事を探しているのですが面接に臨んでも下の子がまだ4歳だと言うと、いろいろ言われて不採用の連続です。現実の問題として認可保育所に入れなければフルタイムの仕事を探すのは無理でしょうね」

どうにか見つかったのは最寄り駅の駅ビルに入っている書店兼バラエティショップのパート、土日と水曜日だけ18時から3時間働いている。この収入が約3万5000円あるが、これはそっくりローン返済に回るので可処分所得は上がらない。

「わたしの勤めている進学塾もこの先どうなるのかわかりません。既に生徒数が少ないところは隣接する教室と統合している」

閉鎖した教室の講師は原則解雇し、あらためて非常勤講師として採用するという案が示されたがほぼ全員の講師は断って他の教育産業に転職したり、若い講師は教員採用試験を受けて公立の中学、高校の教師に転身していったという。

「今も本部からは新規生徒の獲得をしろと毎週のようにファックスが送られてきます。月に一度は新聞にも折り込み広告を入れているけど効果は薄い」

本部からはこれとは別にB5サイズの教室案内が届けられ、前川さん以下スタッフ総出で住宅地を回ったり駅前で配っている。

「**駅の出入口だとパチンコ屋やサラ金の人と一緒になるんだよな。**あれは嫌だね」

たまにだが塾生の保護者と顔を合わせることもあり「先生、何をやってるんですか？」と驚かれることがある。「先生も大変なんですね」と言われると何ともバツが悪い。

「ここ数ヶ月は日曜日になると図書館へ行き、新聞各紙の求人広告を見ているのですが**別の仕事への転職は難しそうですね。**そもそも、一度も一般企業に勤めたことがない自分にサラリーマンはできないだろうし」

自分で教室を主宰するのはどうかと考え2年前に独立して補習塾を開いた元同僚に話を聞

きに行ったこともあるが、最低でも初期投資で150万円は必要らしいし生徒集めにも苦労しているという。

「教員の世界も派遣などの非正規が入っていて派遣教師の口は何件かあったけど賃金は22万円程度なので今より悪くなる。正規登用ありとなっていても実際は2年でお役御免らしいし。これではねえ」

今は教室で授業をしながら密かに転職活動もしている。私立の中学・高校は稀だが正規教員の採用を公募しているので募集があれば応募してみるつもりだ。これ以上妻に心配や負担をかけたくないから安定した職場に入りたいと思う。

◎ワーキングプア座談会

ワーキングプア自らを語る

【座談会参加者プロフィール】

岡田将明（仮名・43歳）
大学卒、正社員。北関東の食品雑貨スーパーに勤務。既婚、子ども2人

中島克実（仮名・48歳）
大学卒、契約社員。清掃サービス会社に勤務、現在の配置場所は新宿副都心にある大型オフィスビルでクリーニングスタッフとして従事。既婚、子ども2人

杉村直人（仮名・53歳）
大学卒、機械加工会社経営。大阪府内で電気関連の板金、熱加工処理工場を経営。既婚、子ども3人

土屋政信（仮名・55歳）

大学卒、契約社員。大手不動産会社の子会社になるマンション管理会社に在籍、巡回管理人として清掃などの業務を担当。既婚、子ども2人

著者：まずは皆さんのお仕事、今日に至る来歴などをお願いします。

岡田：わたしは栃木県内だけで展開している小型スーパーで店舗スタッフとして勤務しております。実は転職して今の会社に再就職したものでして、最初の仕事はホテルマンでしたがリストラなどがあって5年前に転職した次第です。

中島：わたしも転職して今の仕事に商売替えしました。大学卒業後に就職したのは建設会社で事務管理部門にいたのですが会社は自主廃業し消滅しました。

杉村：東大阪市で小さな工場を経営しています。孫請けですが以前はサンヨー、松下の仕事が潤沢にあり、何人かの従業員を抱えていましたが今は廃業寸前の有様です。

土屋：現在の仕事はマンションの巡回管理人です。4年前までは海運会社にいて大口のクライアントを抱える営業担当でしたがリストラ対象になり退職したわけです。

著者：杉村さん以外は転職、再就職されているわけですが収入の変化はいかがですか？

岡田：かなり下がりましたよ。前の仕事では06、07年がピークでした。そのときは30代前半でしたが約400万円の年収でした。今の年収は350万円ほどですから50万円の減収ですね。

中島：わたしはほぼ半減です。前職の最盛期が530万円ぐらいの年収でしたが現在は270万円台ですからね。

土屋：情けない話だが3分の1程度に急降下。

著者：大まかな数字を教えてもらえますか？

岡田：月収だと諸手当込みで26万円ほど、賞与が年間で約40万円。地方の中小企業ではこれでも多い方に入るんですよ。

土屋：わたしの場合は日給月給制でして日給は7500円です。他に手当は出ません。残業や休日出勤もないから20日稼働しても15万円。ボーナスもなく慰労金として金一封が若干、年収だと200万円にもなりません。

中島：わたしも日給制です。8時間労働で日当は7200円。残業30時間と月3回の土日出勤をこなしても月収は20万円が精一杯、土屋さんと同じで諸手当もありませんから。期末手当ては出るけど半期10万円ですね。ついでに言うと退職金もありません。

杉村：収入的なことだとわたしも皆さんと大差はありませんよ。売上げこそ年間900万円ありますが原材料費がおよそ3割。電気代も10年前の4割増しだから残るのは520万円前後。今は夫婦2人でやっているから1人当たりは260万円でしょ、やってられないと思う。

著者：そうすると生活を維持していくのは大変ですよね

岡田：田舎だと妻に働いてもらおうにも仕事がない。うちの家内はたまに農家の収穫や発送の手伝いをやれるぐらいです。家賃や物価は大都市圏より安上がりだけど生活に余裕があるわけではないですね。

土屋：もう妻に稼いでもらうしかないよね。ビジネスホテルのルームクリーニングやベッドメイクの仕事を見つけてきて月9万円稼いでくれるのでひと息ついている状態です。わたし自身もダブルワークで火木土の3日は生鮮コンビニの短時間パートをやっています。これだけやっても世帯収入は350万円になりませんから嫌になる。

中島：わたしも副業をやったんですが昼の仕事が肉体労働でしょ、身体がもたないんですね。なので土屋さんと同様で妻の収入が頼りです。准看護師の資格を持っているので老人介護施設でパートをやっています。感謝していますよ。

杉村：わたしもアルバイトに出ています。宅配会社の集荷センターで週2日働いているんです。メール便の仕分けで日給は７７００円。

岡田：いかに節約するかばかり考えるようになりますよ。わたしのところは女の子が２人なのですが服は姉のところの子どものお下がりをお姉ちゃんが着て、また下の子が使うというようにしている。地方だと車は必需品だけど燃費のいい軽自動車に乗っています。税金も安いから。ガソリンを満タンにすると車両が重くなって燃費が落ちるので給油はタンク半分に抑えたり。もう涙ぐましいほど努力しています。

中島：うちも同じだな。プリンター１台買い替えるのだって量販店を何軒も下見して一番安いところで買うし、毎日の買い物はチラシを見比べて１円でも出費を抑えるようにしている。

土屋：うちは大きな買い物はシーズン終わりの最終バーゲンで調達しています。服にしろ家電製品にしろシーズン初めの半額で揃えられるからね。

杉村：行政のやっている住民サービスは徹底的に利用しないとね。わたしも以前は自費で年１回人間ドックを受けていたのですが今は市がやっている健診や胃ガン検査、肺ガン検査、歯科検診に代えました。風邪で診療所に行っても薬はジェネリックです。

中島：だけど節約疲れを感じるときがありますね。この暮らしに楽しさはない。ケチケチ生活をいつまで続けるんだ、と。収入のことは棚上げにして思ってしまうんだよ。

土屋：無駄遣いしたいなと思うことはありますね。浪費じゃないいんだな、だけど無駄なことができるというのが精神的なゆとりということもあるんじゃないの。

杉村：今は無駄なことが一切できない暮らしですものね。ちょっと外出するにも交通費がいくらかかるとか、外で食事しても「これで６００円は高いな、原価は３００円ぐらいだろ。ボッタクリやがって」なんて悪態ついているからね。

著者：現在の職場の雰囲気はいかがですか？

土屋：雰囲気と言ってもねえ。わたしは巡回管理人をしていますが、基本的にはひとり仕事なので出勤したらパソコンにＩＤ番号を入力して出勤をクリック。その後はマニュアル通りの作業をする。それだけですよ。たまに仕事中に話すのは宅配便のセールスドライバー、郵便配達の人ぐらいなもの。無味乾燥としてますな。

岡田：わたしはスーパー勤務ですが、必要最低限の人数で切り盛りしているのでいつもピリピリしています。店長は本部からいろいろ注文を付けられたり数字が悪いと叱責されているみたいですね。

中島：わたしのところは雰囲気悪いよ。仕事はクリーニングスタッフでして、地下の詰所に作業テーブルが置いてあって誰でも使っていいんですが、いつもジョブアイデムとかタウンワークみたいな求人情報誌が置いてある。常識的には職場でそういうものを見るのは憚られると思うけど社員もパートも「何かいい仕事ないかな」って回し読みしています。

杉村：経営している工場は中小、零細の町工場が集積している地区なんですが、くしの歯が欠けるように潰れたり廃業していますね。跡地は時間貸しの駐車場になったり、面積が大きいとマンションが建ったりです。町会に入っている人は10年前の半分程度だよ。すっかりさびれてしまった。

著者：景気回復と言われていますが実感はありますか？

岡田：まったくありませんよ。消費増税前は駆け込み需要がありましたが反動が凄い。お客さんの数は減ってはいないけど特売品やサービス品しか買っていかない人がほとんどです。

中島：新しく入ってきたテナントにはお掃除は自分たちでやるので必要ありませんというところも結構ある。粗大ゴミの処理費用を値切るテナントもあるということです。たまに本社の管理職がやってくるけど「調子悪い」ってこぼしていますね。

土屋：まったくありませんね。賃金は上がらないし物価高騰で生活が苦しくなっているという実感が強い。

杉村：親会社は円高のときは協力してくれと工賃の引き下げをした。今は円安になっているのに元に戻してはくれない。大手が生産を国内に戻すと言いだしたけど、戻すとしても一部だけですよ。下請けの仲間も大きな期待はしていない。国や財界は大企業だけを儲けさせるようなやり方はあらためてもらいたいと思う。

著者：最後にこれだけは言っておきたいということがありましたらお願いします。

中島：わたしは前職で人事部門にいたこともあるのですが、会社がリストラするのは経営が苦しいときだけではありません。リストラには金がかかる。仮に１人５００万円の割増退職金を払って10人リストラしたら、それだけで５０００万円の現金が必要になる。アベノミクスによって財布に余裕のできた企業は今がチャンスとばかりに用済み社員を整理していくはず。景気が回復していると喜んでいる場合じゃありません。正社員の地位は昔に比べると遙かに低くなっていると自覚しておくべきですね。

岡田：限定社員だとか解雇に係わる金銭解決ルールだとか雇用環境は悪くなるばかりだと思うんです。ある程度の保証と安心感がなければ貢献しようという気にならないと思うんですよね。

土屋：正社員というのはすでに特権階級じゃないということ。単なる雇用形態の一種類でしかないんですよ。確かに様々な雇用契約のなかでは一番守られているけど、会社がその気になったらいつでもクビを切れるんです。むしろコストが高い分、率先して切られることがある。正社員の立場は今後もさらに厳しくなっていくと思いますよ。退職金もどんどん減るでしょうし。状況が良くなる要素は何ひとつ見えません。

杉村：今はまったく希望が見えない時代だと思うんです。わたしが社会人になった頃は夢が持てましたよ。ボーナスが出たらビデオデッキを買おう。もう少し広い家に住みたい。海外旅行もしてみたいなどなど。自分や家族だけでなく社員も豊かになっているという実感が持てました。それが今はどうです？　希望なんて持てないでしょ。今いる場所から落ちないようにと必死。嫌な世の中だなあと思いますね。

ワーキングプア自らを語る・完

【第２章】

失業で暗転する人生

還暦直前の職探し

野沢昭典（59歳）

NO.08

出身／茨城県日立市　最終学歴／高校卒
現在の居住地／東京都足立区　居住形態／賃貸アパート
職業／パート、アルバイト　収入／月収18万円前後
家庭状況／独身

「あと4ヶ月で60歳です。**そろそろ還暦になるのにまた職探ししなくちゃならないんだ**。もう生きていくのが辛いな」

都内某所のハローワークに通うようになって半年になるという野沢さん。この日も求人検索のパソコンと1時間格闘したが年齢などの条件が厳しく可能性のありそうなものは派遣か今と同じようなパート、アルバイトばかり。毎度のことだがこんなことなら来るんじゃなかったと自棄になる。

高校を卒業した野沢さんが最初に勤めたのは造船会社。ここを合理化のあおりで退職した

後は電子部品工場、運送会社、警備会社を転々とすることになる。職を変える理由はどれも人減らしだ。自分から辞めたわけではない。

「最後の警備会社を雇い止めになったのが去年（14年）の8月。ずっと虎ノ門地区の再開発工事の現場で交通誘導や歩行者誘導を担当していたのですが工事が完了したからお役御免というわけだ。他の現場に振り分けてもらえると思っていたんですがどこも定員を満たしているということでした。元々が1年ごとの契約だったからその期間が満了になったらおしまいだった」

退職金はなく3万円の慰労金が手切れ金だった。

前に勤めていた運送会社をリストラされたときは月約17万円の失業手当が給付されたが、今度のリストラでは基の賃金が低かったから約14万円、給付は180日だけだった。それでも人手不足と喧伝されていたから、いくら何でも半年あれば次が見つかると思っていたが上手くいかなかった。

「直近の仕事と同じ警備会社、製造業、工場派遣など**15社近くに応募したり面接に臨んだけどすべてお断りだった**」

どこでも言われたのが「もう、体力的にきついでしょ」「動きや判断力が若い人よりは確実に劣ってきているわけだから事故を起こす確率が高いんだ。労災は困る」という言葉。

事情があって離婚したのもマイナスで「高齢の単身者だと何かあったときに面倒なことになる。他をあたってください」と散々だった。

「失業手当が切れる前に収入源を確保しておきたかったからフルタイムの仕事は諦めてパートやアルバイトに切り換えたんだ。そしたら簡単に見つかった」

今の仕事は午前中が業務用クリーニング工場の作業職。ホテル、旅館、病院から出されるシーツや寝巻など寝具の洗濯とアイロン仕上げを請け負っている会社で野沢さんは大型ドラム式洗濯機のオペレーターをやっている。

「これは時給１０００円です。午前中４時間だけの仕事で月24日前後の出勤です」

これで約９万円の稼ぎは確保した。もう１つは17時から20時まで新橋のオフィスビルへ行ってお掃除の仕事。こちらの時給は１１００円。平日は３時間だけだが土曜日も事務所内部の絨毯クリーニングやエアコンの清掃があるので６時間の勤務。平日分の皆勤手当込みで月収はやはり９万円と少しという金額。出勤日数の多寡で月収は上下するが平均で18万円になるから生活が破綻するということはない。ただし、これは今のところだけだが。

「ビル清掃の現場で正社員は主任と副主任だけ。50人のパート、アルバイトを三部に分けて使っているんです。**契約社員にさえなれそうにもありません**」

クリーニング工場もそうだが、あくまでも臨時雇いの仕事だから必要がなくなったらいつポイ捨てされるかわからない。今度失職したら次はないだろうと思う。

「日々の生活も張りとか目標とか楽しみとは無縁だね。特に朝の仕事と夜の仕事の間に空白があるのが嫌だよな。一度、アパートに戻って昼ご飯を食べるんだが、その後はやることがない。**独り暮らしだから話し相手がいない。大抵は横になって仮眠している**」

誰とも話さないというのは精神的に辛い。以前、テレビを観ながらぶつぶつ言っていたことがあり、自分でも気持ち悪いというか、これはいかんなあと思ったそうだ。

「だから土曜日の仕事はありがたいんだ。野球好き、相撲好きのパート仲間とたわいのない話をしたり、女性パートが持ってきた芸能週刊誌の記事を読み、どうでもいいような馬鹿っ話をしているときが楽しいよ。最近は親しくなった人たちと月2回くらい土曜日の仕事終わりに格安居酒屋へ行くのが息抜きになっている」

それでも先々の不安は大きい。仕事や収入の不安定さもそうだが側に誰もいないのも心細い。両親はもう鬼籍に入っているし他の親戚とは年賀状のやり取りだけで顔を会わすのは法事ぐらいなもの。弟は都内にいるが、やはり会うのは年に1、2回。何かあったときのことを考えると暗くなる。

「**去年の師走にアパート近くの団地で独居老人の孤独死があったんですよね。60代の男性ということだったけど亡くなって1ヶ月くらい誰にも気付かれなかったそう**

です。近所付き合いもなかったんだろうね。わたしのところにも回覧板が回ってきて葬儀の日程を知らせてきたけど参列したのは町会の役員くらいだったらしい」

亡くなった人は野沢さんとはまったく面識も接点もなかった人だが、そういう話を聞くと「堪らんなあ」と思う。「自分だって似たり寄ったりの境遇だ。誰にも看取られずに最後は同じかもしれない」と考えたら背筋が寒くなってくる。

「今更こんなことを愚痴っても無意味だけど、最初に就職した造船会社にずっと勤められていたらどうだったのかなとか別の会社に就職していたらどうだったかとか。お互いもう少し我慢したり引いたりして結婚生活を持続していたらとか。いろんなことを想像しますよ」

時間を巻き戻すことができればとか、人生が2度あればなどとぼんやりと思うことがある。

マイホームを防衛せよ

二宮淳子（42歳）

NO.09

出身／埼玉県本庄市　最終学歴／大学卒
現在の居住地／千葉県習志野市　居住形態／分譲マンション
職業／主婦兼パートタイマー　収入／年収約90万円
家庭状況／夫、子ども2人

「一昨年の今頃はまだ専業主婦でのほほんと過ごしていました。だけど今は悠長なこと言っていられません。**どんなことしても稼がなければという状況です**」

東京近郊のベッドタウンで今時のニューファミリーを気取っていた二宮さんは夫が勤める会社が倒産。これで生活環境が激変した。

夫が勤めていたのは建設会社。非上場だが中堅上位クラスでビル、マンションの建設をはじめとして道路整備、砂防、土地改良などの土木工事を広く展開しており夫は一級建築士として働いていたということだ。

幸いなことに夫は仕事で付き合いのあった同業他社から声がかかり、技術者として再就職できたので失業期間は2ヶ月もなかった。

「だけど、お給料は下がりましたね。これは仕方のないことですから」

転職や再就職して収入が上がるのは少数。現実には良くて横滑り、たいていは下がるのが普通なのだ。二宮さんの夫は年収で15％、金額にするとおよそ90万円の収入ダウン。この金額は大きい。

「こうなると直面するのは住宅ローンの返済です。マンションを買ったのは10年前なんですが**ローンは1600万円を30年返済**なんです」

ボーナス時払いを含めて年間の返済額は約62万円。マンションだから毎月管理費と修繕積立金も徴収される。固定資産税もあるから住まいの維持に年間で100万円が必要なのだ。

「こういう事態になっては専業主婦をやっているわけにいきません。**夫の減収分をカバーしなくてはとパートに出るようになったんです**」

子どもは小学5年生と2年生。まだ手がかかる年齢だし家事を疎かにできないからフルタイムで働くつもりはなかった。1日3、4時間で週4日ぐらいのパートだったら簡単に見つかると思っていたが甘かった。

「自宅近辺は新興の住宅地なので事業会社や小売店はありません。求人情報誌を見ても宅配会社の集荷、配達や介護施設のヘルパーなどは多く募集していたけど事務や販売はターミナル駅まで出ないと無理という状態でした」

そんな中で唯一あったのが電車で２駅先にできたショッピングモールに入っている食品スーパー。ここで商品陳列やレジチェッカーを募集していたのだ。

「人手不足のようで小売業で働いたことがない未経験者だけど何とか採用されました。本当に助かったわ」

出勤するのは平日４日と土日のどちらか１日で週に５日になる。勤務時間は平日が９時30分から13時30分まで。土日は16時から20時までのローテーションにしてもらった。

「この時間帯なら夫と子どもたちを送り出してからで間に合いますし、下の子が学校から帰ってくる時間には家で迎えてやれるでしょ。わたしには都合がいいんです」

収入的にはどうかというと平日の時給は９００円、土日祝日は９５０円にアップする。月収にすると約７万７０００円、年収にするとおよそ92万円。この金額は夫の減収分とほぼ同額になる。

「わたしの月収はローンの支払いと固定資産税の準備金で８割方消えてしまいます。はっきり言えば**住まいを手放さないために働いているようなものです**」

１ヶ月頑張った自分へのご褒美は栄養ドリンク一箱とヨックモックのチョコレート菓子。

わずかでも残ったお金は封筒に入れて保管しておく。

「そこまで家に固執することはないだろうと思われるかもしれませんが下々の者にとってマイホームはやっぱり夢です。たしかに売却すればローンからは解放されるけど後になってもう一度購入するというのは不可能だと思うんです。親類に不動産業界の人がいるのですが家主も仲介会社も高齢者に部屋を貸すのは嫌がるそうです。いい歳になって住宅難民になりたくないもの」

夫は再就職してまだ2年にならない。金融機関のローン審査は勤続年数を重視するから再就職して10年以上経たなければ審査が通らない可能性が高い。

「景気が回復すると不動産価格も上がるでしょ。金利だって高くなるかもしれない。だから絶対に手放したくありません。賃貸も持ち家もトータルの金額は大差ないというけど資産があるという安心感もあるし」

今のところはローン返済を滞らせたり管理費が払えないということはないが、この先もきちんと払い続けられるか不安になることもある。

「**新聞に裁判所の不動産競売情報が載っているでしょ。あれを見るとゾッとしますよ**」

どれくらいの債務があるのかは不明だが同じ私鉄の沿線で東京への距離は短く、築年数と専有面積もほぼ同じマンションの最低入札価格は1170万円だった。

「任意売却してもローンが残ることがあるというじゃない、そんなことになったらどうしようかと思いますよ」

今は短時間のパートタイマーだが上の子が中学に上がったらフルタイムの仕事を探すことも考えている。ある程度のまとまったお金を作り、一部でも繰上返済できれば金利負担は減るし完済までの期間も短縮できる。

「買ったときは値上がりしたら売却して一戸建てに買い換えようかなんて話していたけど、**今はローン破綻しないことを願っています**」

ローンの元本は１６００万円だが利子が付いた返済総額は約１９００万円になる。これまで返済したのは９年８ヶ月だからあと20年、１０００万円近い返済が残っている。目眩がしてきそうな金額だ。

NO.10

ドライバーは廃業社長

大熊英司（56歳）

出身／和歌山県田辺市　最終学歴／大学卒
現在の居住地／大阪府東大阪市　居住形態／持ち家
職業／タクシードライバー　収入／月収25万円前後
家庭状況／妻

「実は今でもまだ社長なんです。もう1年近く前に休業して現在は清算中なのですが法人登記は抹消していないからさ。**だけど現実はタクシーのおじさんですわ**」

大阪府内のタクシー会社に勤め始めた新人ドライバーの大熊さん。昨年（13年）末までは東大阪市内で小さな会社を経営していたという。合資会社で働いているのは大熊さんと奥さんだけ。資本金も２００万円という小所帯だが社長は社長だ。

「塗料、塗装用具と荒物を扱っていましてね。府内の建築業者、塗装業者、自動車修理工場などを相手に小商いしておりました。いい時もあったけど閉店する前の5年は苦しかったね。

先の見通しも立たないから廃業することにしたんです」

大熊さんの会社と取引があったのは規模の小さな工務店、リフォーム業者、ディーラー系ではない町の自動車修理工場。それでも最盛期には120社近い顧客と取引があった。

「うちも零細業者だけど相手も零細企業でしょ。ひとつひとつの取引金額は年間で10～15万円程度です。本当に小さな商売でした」

売上としては毎年1000万円前後。荒物の小売りもやっていたのでそれなりの稼ぎは続いていた。借金はまったくない健全経営でもあった。

「**潮目が変わったのが例のリーマンショック後です**。関西も不景気になりましてな、長い付き合いのあった工務店がバタバタ潰れました。自動車修理工場も廃業したところが数ありました。これで一気に販路が途絶えた」

規模の大きい建築、建設会社はロットが大きいからメーカーが直接品物を納めている。大熊さんのところが参入できるわけがない。副業的にやっていた荒物販売もホームセンターに客を奪われ利益は微々たるもの。

「赤字にはなったことがない。だけど儲けが大きいというわけでもないんだ。月末に帳簿を締めるたびに『何で商売してるんだ?』と思ったよ」

土俵際で踏み止まっていたが震災後にまた納入先が数社倒産。売掛金の回収ができないことが頻発した。同業者との競争も激しく事業継続を断念したということだ。

「看板を下ろしたときはホッとしましたね。倒産でよそ様に迷惑かけるわけじゃない、借金もなかったから」

今年（14年）の初めに税務署などに休業届けを出し、現在は税理士に金銭的な問題がないかなどを精査してもらっているところ。早ければ年内中に清算できる見込みだ。


「だけど次の食い扶持を探すのはしんどかった」


ハローワークへ行っても50代後半では警備、清掃がいいところ。小売り業の募集に応募しても面接では「あなたの年齢で未経験というのはちょっと」と言われ不採用。製造業派遣でも年齢で除外される。介護関係は募集が多かったがヘルパーの資格を取るまでは見習い扱いで時給850円が条件。こんな中である程度の収入が見込めるのはタクシー。

「他の仕事では時給900円、日給7200円が上限。月収にしても15～16万円がいいところですがタクシー会社の求人広告では月収30万円可となっていた。年寄りには魅力的な金額ですよ」

募集をしていた数社から選んだのは客として利用したこともある府内大手。面接会には自分と同世代の人が多数集まっていたそうだ。

二種免許取得までの養成期間は日額8000円の研修手当があり、勤務開始から3ヶ月は月額27万５０００円の賃金保証もあった。半年経った現在はどうかというと「まあ、想定内」とのこと。

「月給は本給と歩合給を合わせて約25万円前後、他に家族手当も出ますからね」

会社は２つの賃金体系をとっていて大熊さんが選択したのは本給プラス歩合45％のシステム。もうひとつは完全歩合制で営業収入の62％がドライバーの取り分になるというもので、会社は稼ぎたいんだったらこっちがいいと勧めてきたが辞退した。

「完全歩合制にすれば月収40万円も可能ですがクリアするには月11～12回の乗務すべて５万５０００円以上の売上がなければならない。営業所でエースドライバーと言われているベテランでも一乗務で５万円以上の売上があるのは月２、３回です。ほとんど不可能なわけなんだな」

まだ勤務期間は少ないが諸手当込みの平均月収が25万円。少ないが賞与も出るということなので合計すれば何とか３２０～３４０万円の年収になると見込んでいる。

「だけど楽な仕事ではないよね。出庫するのが朝８時で戻るのは翌日の深夜２時。**途中、何回かの休憩を取るけど15時間も運転しているわけだから**」

給料の支給総額を実働時間で割ったら時間単価は１４００円弱。事故やタクシー強盗のリスクもあるから決して高い賃金ではない。

「だけどね、鞭打ってもっと稼ごうとは思わない。もう歳でしょ、身体がついていかないよ。嫁さんも無理するなと言ってるし。会社のお荷物にならない程度は頑張るけど」

幸いなことに家は残った。長女は嫁いでくれたし息子も社会人になった。奥さんもパート仕事で月7万円前後の収入がある。夫婦2人で世間並みの暮らしができれば御の字だと思う。

「景気はどうなんですかね？　連休や週末はかなりいい数字なんだ。お盆の時期はひと晩で15回もお客さんを乗せましたよ、長距離のお客さんも増えている感じです」

ビジネス街で乗る客は法人用カードを使う人も多い。５００円未満のお釣りは受け取らず「取っといて」という気前のいい客もいてびっくりした。

「一方で平日はあまり客を拾えず売上げが2万円台ということもある。営業所長から『気張ってちょうだい』と発破をかけられます。数字がすべてだから仕方ない」

同月に入社した新人は大熊さんを含めて6人だったが3人は売上不振で辞めている。そうならないことを願うばかりだ。

倒産したらこうなった

山口拓男（50歳）

NO.11

出身／静岡県清水市　最終学歴／大学卒
現在の居住地／東京都小金井市　居住形態／分譲マンション
職業／フリーター　収入／世帯月収は約30万円
家庭状況／妻、子ども２人

「今の心境と問われてもねえ……。打出の小槌があるわけじゃないからとにかく稼がないことにはね。生きていくにはお金が必要なわけだもの。**だけど50歳にもなって学生バイトみたいなことをやるとは思ってもいなかった。**初老と言われる年齢になって会社が消滅したら行き場がない」

深く嘆息した山口さんは失業して1年半になる。既に失業手当の支給も終了しているから生活を維持するためにアルバイトに精を出す毎日だ。

山口さんの前職は広告代理店勤務。会社は各種企業のカタログ、ポスター、パンフレットなど紙媒体の広告宣伝物の企画、デザイン、制作。地方テレビ局用のCM、ケーブルテレビで放送する自治体の広報番組の制作。さらには屋外広告やネオンサイン、スタンドサインの設計・施工など手広く扱っていた。

山口さんの会社での立場は社長、副社長、経理部長に次ぐナンバー4の制作部長。企画立案・制作の責任者としてクライアントとの折衝や外注会社への指示などを一手に担っていた。

「社員の総数は20人の小所帯なんですが常にライター、デザイナー、カメラマン、映像作家、**たまにですがタレントさんも出入りしていていつも賑やかでした**」

薄利多売的なところもあったが受注量、売上とも毎年増加していた。しかし、東日本大震災で潮目が変わった。企業の経費削減傾向が強まったことで出稿が減少。同業他社との競合や単価の下落で右肩下がりが続いたそうだ。

「広告媒体を紙からネット、携帯、スマホに変更する広告主も増えましたからね。うちはそれに乗り遅れたことも原因だった。案件によっては外注費などの諸経費が想定外に膨らむこともありました。流れが変わると悪いことって重なるんですよね」

諸々の事情が重なり資金繰りが逼迫。借入金負担も重く、業況回復の見通しが立たないことから事業を停止し、自己破産を申請したというのが事の顛末だ。

「実際に失職すると金銭的に一気に苦しくなりましたね」

まず給料は当該月と前月分が未払い。当たり前だが退職金が出るわけがない。

「国の立替払制度を利用しましたが、あれだって全額補償してくれるわけじゃないから」

制度の上限額まで支払われたが金額にしたら280万円弱。自己都合で辞めても退職金は500万円ぐらいになるはずだったが諦めるしかなかった。

「元々の賃金が高かったから失業手当は最高額だということでしたが1ヶ月（28日）約22万円。勤めていたときの半分以下ですからね。わたしの年齢だと出ていくものも多いから筍生活ですよ」

まずは住宅ローン。マンション住まいだから管理費と修繕積立金も必要だ。税務署からは固定資産税と前年度の住民税の請求が来る。これに社会保険料と2人の子どもの教育費もあるからお金に羽が生えたように出ていく。倒産後に郵便局や銀行で解約した定期性の預貯金は200万円を超えている。

「肝心の再就職はもう絶望的かな……」。50歳間近では同業他社に拾われることはない。

ハローワークで希望の職種を問われたので広告業の制作進行、書籍編集と答えたら、ハローワークにはそのようなクリエイティブな求人はないと思ってくださいとやられましたよ。自分でもそうだろうと思っていたけど」

付き合いのあった下請けの制作会社に売り込んでみたが「間に合っている」「増員する余

裕なんてありません」とあしらわれておしまい。かと言って帳簿がつけられるとかバランスシートが読めるわけじゃない。ドブ板回りの飛び込み営業もやったことがない。工場や建築関係の肉体労働も体力的に無理な話。

「仕事を選ぶつもりなんて毛頭なかったけど現実には自分にできること、できそうなこと、多少なりとも経験が活かされる仕事は皆無でした。元々が特殊な世界だったから仕方ないのかも」

ハローワーク通いを始めて4ヶ月ほど経った頃に介護の仕事を打診され、他の数人と特別養護老人ホームへ見学に行ったが30分置きに東京大空襲の話をしている老人や、寝たきり老人の排泄の世話など自分にはできないと思った。

「**失業手当が切れてからはアルバイト、パート、期間限定の非正規労働を継ぎはぎして日銭を稼ぐような感じだね**。郵便局の年賀状仕分けがスタートでアパレル会社の商品仕分け。業務用クリーニング工場の回収と配達。ビル管理会社でテナント内の蛍光灯清掃。時給はどれも1000円が目安ですね」

他にも電話帳の配付と旧品の回収を2週間。土日だけ救急病院の夜間受付。派遣会社経由で役所のアンケート調査など。この1年2ヶ月でやった臨時仕事は両手では足りないぐらいだ。

「切れ間なく月24～26日働いても月収は20万円と少しという範囲ですね」

これに食品コンビニでパートを始めた奥さんの月収が約9万円あるので世帯月収は何とか30万円ぐらいは確保できている。しかし固定費が大きく、生活費として遣えるのは12～13万円が限度。生活は可能な限り切り詰めている。

「散髪は全員カットのみ1000円の店。わたしは高脂血症で以前は月に一度病院に行き血液検査をして4週間分の薬を処方してもらっていたのですが**病院代と薬代で4800円もかかるので通院を止めました**。半年ほど経って別の医院で調べてもらったら良くはなっていないが悪くなってもいなかった。今はもうほったらかしている。家族が扁桃腺を腫らしたり風邪をひいて診療所で診てもらうときも薬は薬局でジェネリックに変更してもらっているし」

今は無駄を省く、贅沢なことはしないということでしのげているけど、そのうち必要なものまで削らなければならなくなる危険をひしひしと感じている。来年夏にはマンションの大規模改修が予定されていて積立金とは別に入居世帯一律20万円の費用負担がある。払えるか心配だ。

NO.12

食費は1日500円也

松山八重子（25歳）

出身／千葉県船橋市　最終学歴／大学卒
現在の居住地／東京都府中市　居住形態／賃貸アパート
職業／求職活動中　収入／月収約14万円
家庭状況／独身

「実は5ヶ月前に勤めていた会社が倒産してしまいまして、失業手当の支給も先月で終了となりました。お恥ずかしい話ですが今は短時間アルバイトを掛け持ちしながら求職活動に励んでいるんです」

松山さんは12年に中堅私大を卒業してアルミ・金属製部品製造会社に入社。広く事務全般を担当していたという。

会社は資本金3億円で従業員90名、売上高は25億円。アルミ加工の特殊技術を有する会社で大手自動車メーカー、家電、建材、電気、ガスなどを得意先としていた。中小企業の部類に入るが堅実な経営をしていた会社だった。

ところが14年5月半ばに突然の倒産に見舞われる。倒産の原因については諸説あったらしいが端的に言えば受注減と価格競争で厳しい経営を迫られていたこと、有利子負債の圧縮が進まなかったこと、資金繰りに行き詰まったことなどに耐えられなかったということだ。

「**お給料は3月分の半分と4月分すべてが未払いでした**。入社して丸2年だから退職金は期待していませんでしたが」

未払い分の賃金は後に国の立替払制度を利用して回収できたが本来もらえる額の6割しか支払われなかった。それでもゼロよりはましと諦めるしかない。

「再就職についてはハローワークや人材会社が主催する合同面接会に足繁く通いましたが上手くいきませんでした。特にハローワークは頼りにならないと思いましたね」

元職が製造業勤務というだけで零細の板金加工会社やメッキ加工会社を押し付けようとする。しかも25歳の女性に現場作業の仕事をだ。

「ハローワークへ行くと求職申込書に希望の職種や勤務地、収入、直前の仕事内容や職歴などを記入してハローワークカードを作ってもらうんです。以後はカードを提示すれば申込書の内容がわかるはずなのに連絡が悪いのか『どんなお仕事が希望ですか？』って聞かれたことがありました。しっかりしてよ！　って思いましたね」

民間の人材会社が催すジョブフェアだと警備、物販、外食、介護、テレアポ、コールセンターが多く事務職希望にはマッチングしない。

「失業手当は月にすると約15万円でした。家賃他の固定費と社会保険料で半分消えるけど生活が追い詰められたりはしなかった。何とか失業手当があるうちに次の仕事をと思い条件を下げて何社かは面接したのですが駄目でした」

そうこうしているうちに90日の失業手当は終了、まったくの無収入になってしまった。

「1年程度は暮らしていける蓄えをしていたけど、そんな生活続けていられません。働かない習慣が付くのも嫌だったから、とりあえずアルバイトをすることにしたわけです」

アルバイトは2つやっていて11時から14時までは定食屋でレジやお運びさん。18時から21時まではイタリアンレストランでホール係兼皿洗い。

「時給は両方とも1000円です。月に24日前後働いているのでアルバイト代は14～15万円になる。何とか暮らしていける金額です」

飲食業は金土日と祝日は絶対に営業するので公休日は定食屋が月曜日。イタリアンレストランが木曜日。なので月曜日はハローワークへ、木曜日は人材会社の合同面接会とかNPOが主催する就職指南塾のような催しに通っている。

アルバイトを2つとも飲食業にしたのは賄いの食事付きが魅力だったから。

「**二食タダで食べられるというのは助かりますよ**。イタリアンのお店はコック見習いの人が作るので美味しいし、切り落としとはいえ生ハムや羊肉を材料にしている。自分のお金じゃ絶対に食べられないものだもの」

自前で調達するのは朝ご飯だけだが倹約精神は徹底している。ご飯は一度に4合炊き、一食分に小分けして冷凍庫に保存。レンジで解凍して食べている。おかずは近くの大型スーパーの見切り品の惣菜類。秋刀魚の塩焼きやカレイの煮付けが150円、鰹のタタキが198円で買えるのだ。コロッケやメンチカツ、サラダなどもすべて半額だから助かる。

「小腹が空いたときに食べるクリームパンやあん団子も49円になる。食生活に限って言うと以前より充実しているのかな、ちょっと太ったもの」

化粧品はメーカーの試供品、ティッシュは街頭で配っているポケットティッシュで十分。普段着は古着屋、バッタ屋で間に合わせている。

「昼のアルバイトと夜のアルバイトの間が4時間空くのでパソコン操作と簿記会計の勉強も始めたんですよ。簿記会計は3級を持っているのですが会計ソフトがあるので売り物になるのは2級以上だと言われました。パソコンもひと通り扱えるけどITパスポートや基本情報処理技術者の資格を取った方がいいとアドバイスされまして」

これらに必要なテキスト類も古書店で買ったものや図書館で貸し出してもらえるもの。いかに元手をかけないで成果を出せるかが大切なのだ。

「**アベノミクスで景気が良くなったとか人手不足になっているというけど、職探ししていて実感はできませんね**。求人の多い職種は偏っているし、お給料も初任給20万円以上のものは少ない。特に事務的職種は若年層でも求人倍率は1倍を切っている」

現実的な考えをすれば不向きな仕事、興味のない仕事、経営基盤が脆弱な零細企業で事務職をやるより紹介予定型派遣で一般事務、文書ファイリング、ＯＡ機器操作などでそれなりの会社に回してもらい、そこで直接雇用に転換できるよう頑張ってみるしかないかもしれないと思い始めている。失業して半年、もう贅沢を言っていられる状況じゃない。

ダブルワークでしのいでも

佐伯基晴（53歳）

NO.13

出身／東京都三鷹市　最終学歴／大学卒
現在の居住地／埼玉県所沢市　居住形態／持ち家、戸建て
職業／マンション管理人　収入／月収約15万円、他に副業
家庭状況／妻、子ども2人

「わたしの年齢で再就職となると贅沢言えないのは承知していますが、今の仕事が楽しいかと問われれば答えに窮する。収入的にも満足できるものではありませんしね」

大手不動産会社の孫会社になる建物管理会社に再就職して半年になるという佐伯さん。現在の仕事はマンションの通勤管理人だ。

佐伯さんの前職は建築資材・住宅設備機器販売会社の営業マン。会社は大手メーカー数社の販売代理店、特約店として相応の業績があったという。

「業歴は40年以上でね。首都圏の材木店、工務店、住宅建売業者を得意先に合板や新建材、

アルミサッシ、キッチンシンクやバス用品などを販売していました。自前の配送センターも持っていて納入先は数百社もあったんです」

佐伯さんは84年の入社で20代半ばから約4年間はバブル景気の中で仕事をしていた。この頃は年商が毎年20％近く伸び、最盛期には80億円近い商いをしていた。

「まだ若かったから月給は低く抑えられてたけどボーナスは三桁出た。平社員だったけど接待費も月10万円まで認められていました。**今思うとお伽話だな**」

バブル崩壊後は長らく低空飛行だったが90年代の終わり頃からは都心部の再開発やマンションブームに乗って復活。佐伯さんも管理職に昇進してバリバリ働いていた。

「暗転したのは08年9月のリーマンショックがきっかけでした。新興のマンション開発会社や貸しビル業者が相次いで経営難になり売掛金の回収が相当な額滞ったんです。実際に倒産した取引先も30社近くあったから」

追い討ちをかけるように東日本大震災が発生。これでまた取引先が数社行き詰まり多額の未収金が発生。配送センターも被災して経営が大きく傾いてしまったという。

「**会社は13年2月までで事業を停止したんです。**倒産ではなく自主廃業したわけです。社長が高齢で引退することになり身売りも検討したそうですが買い手が付かなかったそうです。今なら資産を処分すれば借入金は清算できるし、退職金も転身支援金も出せるが将来はどうなるか保証できないということだった」

会社清算に係わるのは経営幹部と弁護士、税理士だけで社員は全員解雇。最後の出勤は13年2月15日だった。

「最後の給料と退職金などは25日にきちんと振り込まれました。約束は守ってくれたわけですがわたし個人としてはもう少し踏ん張れたのではと思いました」

時間を置かずに再就職活動に入った佐伯さんだが現実は苦難の連続だった。アベノミクスで景気回復と言っていたが雇用環境は厳しい。年齢が52歳だったから尚更だ。

「求人がまったくないということではない。だけど年齢の壁がねえ……。ハローワークと就職支援会社に通い詰めたけど希望した会社からは袖にされ続けました」

失業手当の支給にも制限があるから働かなければ生活が成り立たない。50歳を超えると契約、嘱託が大半で雇用期間の定めがない正社員となると職種は限定される。そんな中で比較的条件の良かったのが現在の仕事だ。

「ハローワークの方が言うには、６ヶ月や1年ごとの契約がほとんどの中、正社員採用で定年は65歳、社会保険加入というのはお宝求人なんだそうです」

現在派遣されているのは豊島区内の大型マンション。仕事は玄関ホールと各階のエレベーターホール、廊下など共用部分の清掃。地下駐車場の管理全般。宅配便の一時保管。廃棄物の処理など。これを佐伯さんとパートの女性2名でこなしている。

「仕事は慣れれば辛いことではありません。入居者の人たちとも親しくなりましたから」

だけど賃金は低く抑えられている。勤務は8時から17時まで。完全週休2日で月給は15万円、期末手当が年2ヶ月。これだけだ。

「住宅手当や扶養家族手当などは一切出ませんよ。残業もほとんどなし。エレベーターや給排水の定期点検で専門業者が入るときだけ立ち会いで居残りするけど月2、3時間だからいくらにもならない。**年収に換算しても210万円台です**」

最初の給料が出たとき、家で奥さんと明細書を見たら2人とも溜め息しか出てこなかったそうだ。何しろ失業手当1ヶ月分より低い金額で手取りになると12万円あるかないかという金額なのだから。

「自主廃業する前年でも年収は何とか500万円あった。06年、07年はボーナスの支給額が伸びたからもう少しで600万円というところまでになっていました。失職する前の6割減、最盛期の3分の1近くだから悲しくなる」

この収入で一家4人の生活が賄えるわけはないから奥さんも郵便局のパートを見つけてきた。集配局での郵便物仕分けを1日4時間、月20日勤務で月収は7万5000円になるということだ。

「**わたしもダブルワークでしてね**。月水金土の週４日、家のひとつ前の駅近くにあるドラッグストアで販売アシストのパートを始めたんです」

月水金は18時から21時までの３時間、土曜日は正午から16時まで。時給は１０００円。これで月５万６、７０００円の稼ぎになる。だけど奥さんのパート収入と佐伯さんのセカンドジョブを合わせても世帯収入は月30万円に届かない。

「退職金で家のローンは繰上返済したから借金はありません。それがせめてもの救いですよ。ただ生活は縮小に次ぐ縮小ですね。無駄、倹約、我慢が我が家の合言葉です」

今は自分も妻も多少の無理はできるが年齢が高くなったときはどうか。きちんと働いているのに生活が破綻することはあり得ない話じゃない。日に日に不安が募っていく。

◎再就職の現状

2015年ハローワークの風景

ここのところ雇用関係に関して明るい話題が多い。新聞やテレビのニュースでは「大卒採用バブル期なみ」「高卒求人大幅増」と報道されているし、経済情報誌や一般週刊誌などでも「転職するには絶好のチャンス到来」とか「五輪特需でミドル層の中途採用が急増」といった特集が組まれていることもある。

一時の雇用危機から人手不足感が拡がっているというが本当にそうなのだろうか。その実態を探るために都内のハローワークに足を運んでみた。

◆ハローワーク新宿

最初に訪れたのは新宿駅西口のバスターミナルを見下ろすエルタワー23階にあるハローワーク新宿。受付で初めて来たことを告げると求職登録するようにとの指示。所定の用紙に氏名、住所、希望する職種や勤務地、収入のほか、直前の仕事内容や職歴などを記入し提出するとハローワークカードが発行され、相談員が求職活動のやり方などをアドバイスしてくれる。

仕事探しは窓口で具体的な求人情報を示されることもあるが、基本的には来訪者用のパソコンで求人情報を検索することになる。希望の求人があれば窓口に示して企業へ連絡してもらう。採用試験、面接を受けるにはハローワークの紹介状が必要だということだ。

また、各ハローワークでは管内分の他に近隣や通勤可能エリアの企業の情報も検索することができるので、あちこちのハローワークを梯子する必要はない。

景気回復と言っているからハローワークも閑散としているかと思ったが人で溢れていて老若男女が１００台ほどあるパソコンに黙々と向かっている。行列に並んで順番カードを受け取る。

30分ほど待ってやっと順番が回ってきた。早速、53歳、希望職種は事務、希望月収30万円、東京23区を就業希望地で入力すると該当する求人件数１６０４件と表示された。年齢を30歳と偽って入力してみたら該当する求人件数は２８４９件。その差、実に１２４５件。やはりというか年齢による差を思い知らされた。

53歳でも応募可能で出てきた求人の詳細はというと、次のようなものだ。

乾物卸会社＝経理事務全般（給与計算、備品発注、労務書類整理など）。給与30～35万円、他手当あり。

建設会社＝請求書作成、資材発注、給与計算など。ＰＣ基本操作（エクセル、ワード）要。総務実務経験ある方。給与32万円～。

希望職種を営業に変更し、同じように検索したら30代では２８３６件の求人があったが50代だと１９９７件で８３９件の差がある。給与面は年齢階層に係わらず20～30万円というのが一般的な金額だった。

募集が多いのは介護・福祉関係だが給与などの条件はあまり良くない。仕事のきつさと責任の重さを考えたらやりたいという人は少ないだろうなと思うのが正直なところ。飲食関係、物販接客も求人が多いが正社員での採用よりパート、アルバイトが主流で時給は９００～１１００円に集中していた。

年齢、学歴、職歴不問という求人も何件か発見したが業種に係わらず現場要員で、明らかに捨て駒だとわかる。こういう求人はハローワークで取り扱わない方がいいのにと思うのだが。

ひと通り求人情報を閲覧してから人の切れ間を見計らって職員さんへ相談をしてみた。年齢が59歳まで可となっている求人に応募したとして採用される見込みはどれくらいか尋ねてみたら、「容易でないのが本当ですね」との答え。応募はできるが30代、40代の人の応募が多ければ弾かれることがあるそうだ。「50代の方の再就職は難しいんですよね。第一志望の会社にすぐに採用されることはなかなかありません。職種や賃金はどの程度の条件までなら譲れるかを見極めて就職活動しないといつまで経っても決まりません」と忠告されてしまった。

職員さんのアドバイスは、50代で求人が多いのはタクシーや運送業、警備、建物管理、清掃など。これらの仕事は慢性的に人手不足で常時募集を受け付けているから採用されやすいということだ。

そうは言っても年中募集しているのは仕事がきつかったり労働条件が低いということの裏返しだから二の足を踏んでしまうのが本当だろう。

「求人を探すときは月収にこだわらずに探すと多数ありますよ。それらの求人を見たうえで月収20万円ぐらいから徐々にしぼっていったらどうですか。最初は正社員ではなくパートや契約社員から入っていくということも考えてみてください」

申し訳なさそうに「求人数は増えていますから」と言われたが、「そうですね」と言うしかない。現実は厳しい。

◆有楽町の東京人財銀行

2日置いて次に訪ねてみたのは有楽町にある東京人財銀行。再就職の紹介はハローワークだけではない。40歳以上のシニア世代は厚生労働省が運営する人材銀行に登録することができる。ただし登録できるのは課長以上の管理業務経験者や技術職、専門職の経験者のみ。所定の手続きと説明を受け、パソコンで求人検索をしてみたがどれもハードルは高い。いくつか具体例を記すと次のようなものだ。

・不動産販売会社＝経理事務（月次、年次決算、予算統制、管理会計、資産負債管理など。経理マネージャーとして10年以上の実務経験がある方。給与、初年度年収は４３０万円を想定。

・マーケティング・プロモーション会社＝制作進行（各種ＰＲ広告の企画、提案営業。スポーツイベント、式典の演出など）。上記の業務に精通している方、番組制作会社、イベント会社などの経験者限。給与40万円〜。

・化学メーカー＝経営企画（プラント・エンジニアリング輸出促進）。国際法、経済、貿易投資関係を学び、企画・調査機関において15年以上の経験を有す方。要英語力。給与は経験、実績を考慮の上、規定により優遇。※これまでに転職経験のない方。

このような感じで簡単に応募できるものはない。アドバイザーによれば「人材銀行は登録者側からだけではなく、企業側も登録者のなかから欲しい人材を探すことができる双方向型ですから早期成立の可能性が高い」ということだがハローワークが扱っているものとは質が違い過ぎて別世界の話に思えた。

◆ハローワーク渋谷

最後に訪ねてみたのはハローワーク渋谷。ここも来訪者で溢れていた。場所柄からか若い層の求職者が多い印象。求人検索用パソコンの順番待ちをしている間はロビーに置いてある職業訓練の案内書を見てみた。昔は都立の職業訓練校があり、半年から1年間通学して勉強していたはずだが、今はほとんどのコースが外部委託されているようだ。

小一時間待って求人検索を開始。好調だと言われている製造業の求人情報を見てみる。年齢不問も多いが45歳までとなっているものも多数。求人企業の規模は中小、小規模事業者が大半。

印刷会社は年齢59歳まで、経験不問で印刷機オペレーターを募集していたが給与は20〜35万円。経験者優遇と記してあるから未経験の人は20万円からのスタートなのだろう。

金属加工会社の機械操作は経験不問だが45歳未満。勤務は3交代制で給料21～27万円、賞与年4ヶ月。中小企業退職金共済会加入、独身寮有。大手企業の出身者には理解できないだろうが、中小企業ではこれはかなり上質の求人だと思う。

中高年でも国家資格や特殊免許を持っている人は強い。設備工事会社の電気工事士、通信工事士は給与35万円以上と破格。ただし一種、二種電気工事士、施工管理技士の資格と10年以上の実務経験が必須。

対して下請けの製造業での現業職となると月収は22万円前後のものが大半。年齢、経験不問となっているが元ホワイトカラーでは務まらないだろうなと思うのが正直な感想だ。

次に求人数が多いとアドバイスされた職種を検索。確かに多い。トラックドライバーの求人件数は4000件を超えている。こういう仕事は学歴不問で年齢も55歳までと門戸は広い。賃金はどうかというと2トン車で24万円、4トン車は27万円、大型車なら30万円というのがひとつの目安みたいだ。

タクシードライバーの募集も多い。スポーツ新聞に載っている求人広告だと月収35万円可というようにザックリした数字しか出ていないが、ここでは固定給22万円＋歩合給とか月給15万6000円＋歩合給と記されている。固定給部分が低いと歩合率が高く、逆に固定給部分をある程度保証している場合は歩合率が低いということだろう。いくつかの会社は在籍ドライバーの平均月収も記載していたが30～33万円が大方の金額だった。

清掃サービス会社の求人も多数、ただし賃金は低めの設定だ。正社員でも月給は16万円台、契約社員の場合は日給7500円前後。残業や休日出勤をこなさなくては年収200万円がやっとという数字。家族がいたらきついな……。この業界はフルタイムの人より2～3時間30分のパート、あるいは土日祝日のみ8時間のアルバイトという募集の方が多い。時給だと1000円がほとんど。ダブルワークにはいいのかなと思わなくもない。

警備・保安の仕事も求人が多いが正社員でも日給月給制がほとんどだ。交通誘導だと日給7800～9000円。施設警備の場合だと勤務時間は3交代制、交代制、丸1日勤務で翌日が明番と多様。賃金は3交代制なら日給8000円、2交代制が1万3000円、1日通しの勤務だと1万7000円ぐらい。某警備会社の参考例だと日給8200円×24日出勤、プラス精勤手当で月収20万1800円となっていた。

せっかく来たのだからとプリントアウトしたのは医薬、医薬部外品販売会社の営業職。配置薬（置き薬）の既存顧客向けのルートセールスで59歳まで可、給与22万円～（他に褒賞金）。というものと大手電機メーカー直系の事務軽作業代行会社。こちらは某大手電機メーカー本社内で社内郵便物の集配や簡単な事務作業を担当するというもの。年齢についての欄は空白だがPC操作できる方となっている。月給は21万円以上だが1年ごとの契約社員。

仮定の話として、もし自分が本当に再就職先を探しているとしたら応募できるのはこれぐらいが現実的なものだと思う。

ロビーに出て数人の来庁者に話を聞いてみたが景気のいい話は聞くことができない。40歳だというマンション販売会社の営業マンは会社が業績不振でリストラの噂が流れているということで、もしものときに備えて様子を見にきたということだ。不動産業は好調だと言われていたがどうも違うようで「活況だったのは消費税増税前の駆け込み需要が大きかったから。今は前年比で30%近い落ち込みなんですよ。買い手が少ないのにノルマ、ノルマと言われて嫌になる」とぼやくことしきり。

不動産営業の仕事は募集が多いが採用時は契約社員で業務実績を見て正社員にというものが結構ある。給料も今より大幅ダウンは避けられない。

「こんなんじゃ転職する意味はないね。もうちょっと踏み止まった方がいい」

こういうところに来なくていいように頑張りますよと言い残して帰っていった。

22歳だという女性は短大を出て食品会社に就職したそうだが学校に来ていた求人票は嘘ばかりだったという。

「募集職種は一般事務職で総務とか人事とか、オフィスワークだと言っていたのに研修が終わったら工場の製造ラインに配置されたんです。面接のときには大手とも取引があるといっていたのに、それも大嘘でしたね」

低めに温度設定された工場での立ち仕事だから腰痛、肩痛、慢性的な冷えで身体がパンク。2ヶ月前に辞めてハローワーク通いを続けているということだ。

「これまでに数社の面接に臨んだがハローワークはあまり期待できませんね。求人票には正社員となっていたのに面接してみたら雇用期間があったり、仕事の内容と賃金が釣り合っていなかったりすることがありますよ」

今日もいろいろ求人検索をしてみたが募集が多いのは製造業、飲食業、サービス業で希望の事務職は狭き門。肉体労働や接客業をするぐらいなら派遣でも事務職の方がいいと思い始めているそうだ。

「実家暮らしなので生活が成り立たないということはありませんが、両親からは『ちゃんとしてくれ』とプレッシャーがかかっています」

自己都合退職なので失業手当の給付はまだない。今はパン屋さんと１００円ショップのアルバイトを掛け持ちして月収は約12万円ということだった。

外に出て数歩もたたないうちに「はい、どうぞ」と押し付けられるように渡されたのが人材派遣会社の募集案内。実はどこのハローワークでも出口付近に直接勧誘してくる輩がいる。不安定な労働条件ではハローワークに求人登録できないからだ。多いのは生命保険会社で歩合制の保険販売員を調達しに来ているし、以前は日雇いの飯場仕事に近い建築関係の作業員を勧誘していたこともあった。

どんな仕事があるのかと一読してみたが、やはり製造業派遣が大多数。

・半導体製造マシンオペレーター、日給9000円、月収例28万円。

・液晶部品の製造・検査、時給1300円、月収30万円可。社会保険加入、赴任交通費支給、資格取得制度あり、ワンルーム寮完備（無料）、入社祝金10万円支給。

夢のような厚待遇だが話3分の1と思っていた方が賢明だろう。

駅中コンビニのラックに突っ込んであった求人情報誌も見てみたが、募集しているのは飲食、物販、建築作業、介護、清掃、警備、コールセンター、陸送、軽作業ばかり。そして8割近くがアルバイト、パート、契約社員という雇用形態だ。

「雇用改善」「人手不足深刻」と言ってはいるが雇い主が欲しているのは人件費を低く抑えられる人たちばかり、非正規を増やすことで人手不足を乗り切ろうという魂胆が見え見えだ。雇用の劣化は以前にも増して進んでいるというのが正直な感想であった。

2015年ハローワークの風景・完

【第３章】

女性ワーキングプアの実態

NO.14

シングルマザーの奮闘　大貫佳代子（41歳）

出身／茨城県筑西市　最終学歴／短大卒
現在の居住地／東京都品川区　居住形態／賃貸アパート
職業／パートタイム　収入／月収約19万円と公的支援など
家庭状況／子ども1人

「現在の生活は本当にギリギリのラインです。東京ですから短時間パートの仕事は数多くあるので生活できないということはないけど贅沢はできません。**とにかく娘を一人前に育て上げなければならない。それだけです**」

大貫さんは4年前に夫と離婚。以来、女手ひとつで娘を育てている。結婚したのは14年前で子宝に恵まれたものの夫婦仲が上手くいかず離婚に至った。原因は「諸々のことが積み重なって」ということだ。

覚悟はしていたが離婚後の生活は大変だった。まず安定した収入を得られる仕事が見つからない。現実の問題としてバツイチで未就学の幼児を抱えていると正社員で働くのは不可能な状態。細切れの短時間パートを掛け持ちするしかなかった。

「去年、小学校に入って学童保育の施設にも入所できたのですが、それでも正社員で収入の安定した仕事に就くのは難しい。何社かは面接に臨めたのですが**『病気になったり具合が悪くなったときに面倒見てくれる人はいますか？』『残業もあるし休日出勤を頼むこともある、子どもがいるからではすまされませんよ。大丈夫なんでしょうね』**とやられて不採用でした」

現在はミニスーパーの販売、レジ打ちと運送会社の事務パートの掛け持ちをしているが収入は多くない。

「ミニスーパーは朝7時から11時までの4時間、時給は960円です。13時からは運送会社に行って18時まで伝票記入やデータ処理、こちらは時給1000円です」

ミニスーパーは月25日、運送会社は月20日出勤しているので月収は合わせて約19万円前後だということだ。

「あとは子ども手当1万円と元の夫からの養育費3万円。母子手当（児童養育費）の一部支給も受けられるので1ヶ月の収入は約25万円弱といったところです」

月25万円の収入は少なくはないが出費が年々大きくなっている。最も大きいのが社会保険料で自治体の国民健康保険と大貫さんの国民年金の保険料が1ヶ月約5万円になる。アパートの家賃も7万円、学童保育の利用料も8000円払わなければならない。

「本当なら生命保険や入院特約が付いた傷害保険等に入りたいけれど、保険料が重たいので入れません。変な話ですが、もしものことを考えると不安ですね」

それでも郷里の両親や松戸にいる実兄から何くれとなく支援があるので心強い。

「両親からはお米やお野菜を送ってもらいますし、子どものためにと仕送りしてくれることもあるんです。おかげで就学支援は受けずにすんでいる。去年も今年もお盆を挟んで2週間は実家で預かってくれました。旅行なんて連れていってあげられないから娘も喜んでいました」

お兄さんのところからも娘たちが着ていた洋服をお下がりで譲ってもらったり、誕生日やクリスマスにはおもちゃやゲームなどを届けてくれるので助かっている。

「今の生活で一番の気掛かりは娘と過ごす時間が少ないことですね」

朝の仕事は7時からなので起床するのは6時。簡単な食事を用意して娘を起こすのが出勤直前の6時40分、朝から1人で食事させるのが心苦しい。

「娘もこちらの気持ちがわかるのか、登校するときは遠回りしてわたしが働いている店の前を通って行くんですよ。お客さんの応対をしているときは目で合図するだけですが外で荷物を捌いているときは『行ってきまーす』って小声で言うの」

だから子どもが「ねえねえ、お母さん」と話しかけてきたときには、どんなに疲れていても相手をしてやることにしている。

「特にお風呂タイムは貴重なお話し時間です。といってもアパートのユニットバスでは２人一緒に入れませんから湯桶を持って近所の銭湯へ行くんですよ。お風呂に入りながら学校でこんなことがあったとかお友だちの話を聞いていると小学生でも人付き合いは大変なんだなあと思いますね」

これからの課題は子どもの教育。将来、いい仕事に就いて世間並みの生活をしていくのには学歴が最も大事だと思う。そのための費用をどう工面するか頭が痛い。

「**学校の勉強をしっかりやっておけば大丈夫という時代ではありませんからね**」

大貫さんの世代でも塾や進学教室に通うのは当たり前、地方都市でもそうだった。財産なんて残してやれないが教育があれば自力で世の中を渡っていけると思う。しかし、これもお金次第ということが否めない。

「小学校の段階ならわたしがある程度のことを教えてやれるとは思いますが中学に上がったらそうはいかないでしょうね。特に数学と英語が」

たまに新聞の折り込みに学習塾や進学教室のチラシが入っているが中学生で数学と英語を

週6時間教えてもらうと教材費込みの月謝は2万2000円が相場。高校にしろ大学にしろ受験には学校外の教育費が馬鹿にならない額になる。それをどうやって捻出するかが問題だ。

「現在、固定費を除いて純粋に生活費として遣える金額は約13万円なんですが、あらゆる方法で出費を抑え、たとえ5000円でも貯金するようにしているんです。子どもが中学校に上がればフルタイムの仕事を探せると思いますが今はひたすら倹約するしかありませんよ」

子どもが中学に上がるのは5年先だから大貫さんは46歳になっている。そうすると年齢的に無理かなと思ってしまうこともある。この先もずっとパートタイムや派遣などでしか働き口が見つからなければ生活そのものが脅かされる危険もある。政治家や役人は女性の社会進出、女性の活用と言っているが、どういう制度を作るのか具体的なビジョンを示してほしいと思う。

どれだけ食費を削れるか

畑中敬子（40歳）

NO.15

出身／群馬県桐生市　最終学歴／高校卒
現在の居住地／群馬県太田市　居住形態／公営団地
職業／主婦兼短期パート　収入／夫の給与（手取り）は月20万円
家庭状況／夫、子ども２人

「夫（44歳）は自動車関連の下請け企業で働いています。この辺りでは比較的大きな会社ですが年収は３５０万円ほどですね」

年収の内訳は月給が25万円、賞与が年間で50万円。月給の手取りとなると約20万円で、これに子ども２人分の子ども手当が２万円。これで１ヶ月をやり繰りしている。

「**子ども手当には絶対に手を付けないようにしているの**。将来の進学に備えて別口座に入れるようにしているんです。そうすると純粋に生活費として遣えるのは20万円が限界」

家賃・共益費、水道光熱費、携帯電話代、保険料、夫のお小遣いを差し引くと残りは11万円と少しだけ。車の維持費や高脂血症の夫の検査と薬代、子どもの塾などを考えると節約できるのは食費ぐらい。育ち盛りの子どもがいても毎月の食費は3万円以内に抑えている。

「主食のお米は安いオーストラリア産のコシヒカリブレンド米です。国産米と比べると5キロで350円ぐらい安いんです。うちは1ヶ月で20キロ消費するので1400円の節約になるでしょ」

朝はパン食だが昨日の朝の4人分は総額でたった300円。

「生鮮コンビニに置いてあるプライベートブランドの食パンとカット野菜のサラダ、あとはゆで玉子。飲み物は牛乳。これでも工夫次第でどうにかなるのよ」

正規価格は食パン118円、カット野菜100円だが売れ残りの半額処分品。玉子は1パック148円の日替わり目玉品だから1個当たり15円、牛乳はプライベートブランドのもので1リットル128円。合計すると297円也。

日持ちのするジャガイモ、人参、玉ねぎは団地の奥さんたちと箱買いして分け合っている。こうするとジャガイモだったら1個20円、人参は1本30円程度になるからだ。

「野菜以外は週末に業務用スーパーに行ってまとめ買いし、小分けにして冷凍保存するんです。**閉店間際のスーパーで値引きシールが貼ってある肉や魚などを底値で買っておくのも大事です**」

その日は使わない食材でも、こうして買い集め冷凍しておけばかなりの節約になる。

「子どもは上が中学1年、下が小学4年で食べ盛りでしょ。だけどお肉は鶏肉がメインになってしまいますね。**しかもモモ肉は高いからムネ肉がほとんどです**。業務用スーパーの大パックだと100グラム50円以下で買えるんです」

ムネ肉は脂肪分が少ないが調理法を工夫すれば、パサパサ感が出ないようにできるので料理のレパートリーも増えた。

「牛肉は食べても月に2度ですね。オーストラリア産の安いコマ切れを500グラムぐらい買って焼き肉にして食べます。我が家では第2、第4日曜日の恒例メニューになっているの」

倹約精神は一家が共有している。缶入りのコーヒー、紅茶は1本120円するので夫は出勤するときに家で淹れたコーヒーをペットボトルに入れて2本持参していく。長男もサッカークラブの練習に参加するときはスポーツ飲料の粉末を水で溶き、ステンレス製の水筒に移して持っていく。

「**都市部の人から見るといじましいとか貧乏くさいと思うでしょうが、年収300万円台の家庭の主婦はみんなこれくらいやっているんじゃないですか**」

子どもたちはもう自分のことは自分でできる年齢になってくれたので畑中さんも働きに出

たいと思っているが田舎ではパート仕事さえわずかだ。

「飲食店やコンビニは駅周辺、幹線道路沿いにあるけど、ほとんどが家族経営の店だからパートやアルバイトの募集は滅多にありません。早朝6時からとか深夜零時からの募集はあっても家庭があるとちょっと無理だもの」

それでも期間限定の仕事なら比較的募集が多い。畑中さんの場合は6月下旬から1ヶ月と12月一杯は郵便局で短時間就労している。

「夏はゆうパックのお中元の伝票処理。暮れは前半が御歳暮の発送業務で中旬からは年賀状の仕分けをやっています」

賃金は時給820円。夏は1日4時間勤務で20日ほど働くので6万5000円ほどの収入。暮れは勤務時間が長いので約10万円の稼ぎになる。一家にとっては貴重な収入源だ。

「可能なら1日4時間勤務で週5日働きたいのですが希望に沿うものはありませんね」

事務職や販売職の募集は少ないが地方でも介護・福祉関係の求人は活発。ハローワークでもよく勧められる。

「ヘルパーの資格を取って施設や病院で働くというのも悪くはないと思うんですよね。**大変な仕事だと思うけど選択肢が少ないのだから贅沢や理想だけじゃ駄目でしょ**」

これからは子どもたちの教育費が大きくなっていく。働かないわけにはいかないのだ。

ビューティフルライフの裏側

橋本香織（24歳）

NO.16

出身／千葉県船橋市　最終学歴／専門学校卒
現在の居住地／東京都大田区　居住形態／賃貸アパート
職業／美容師　収入／年収約230万円
家庭状況／独身

「美容師になって今年で4年目になります。**国家試験には受かっているので美容師免許は持っていますが収入には反映されません。**おじいちゃんには手に職があれば米の飯はついてくると言われたことがあるけど豊かな暮らしとは無縁ですね」

チェーン展開している美容室で美容師として働いている橋本さんは真剣に商売替えを考えている。その最大の理由は「悲しいほどの安月給」だから。現在の月収では1人でも生活するのがギリギリだということだ。

「高校を出て2年間は美容師養成の専門学校に通いました。卒業して現在の運営会社に就職したのですが初任給は15万円でした。２年間勉強したのに流通や製造業の高校新卒より低い額だったので驚きましたよ」

国家試験にも合格し、インターンを経て技術者となった現在でも月給は16万円台前半。ボーナスと合わせても年収は２３０万円をわずかに超える額。この先も大幅な昇給は期待できない。

「専門学校の学費は２年間で約１７０万円もしました。親にこれだけの大金を出してもらったのにリターンが少なすぎると思います」

収入が低いのに出ていくものは大きい。美容師は男性、女性を問わずお洒落な服装をしているが基本的には自腹だ。会社からの補助などは一切ない。

「Tシャツだって貧相なものは着られないでしょ。少なくとも1着3、４０００円します。お店で履く靴もそれなりのものでないと格好がつかない。**こういう衣装代が馬鹿にならないんです**」

最近では古着屋やファストファッションを利用したり、ブランド品だとシーズン終わりの処分品を買い置きして翌年の季節に合わせたりしているが、これでも年間の被服費は10万円ほどかかるという。

加えて仕事もハードだ。基本的に立ち仕事なので1日9～10時間は店で立ちっぱなし。終業時間が近付く頃には膝やふくらはぎ、かかとが重だるくなったり鈍痛に見舞われることもある。

「シャンプーのお客さんが多い日は手が荒れるし、パーマ液やヘアダイ（毛染め薬品）でかぶれることもあります。薬液の成分によってはアレルギー反応がでることもあります」

閉店後も技術習得のため店に居残ってカットの練習をしたりすることも多いが、これらは自主研修ということなので時間外手当は支給されない。

客商売だから土日、祝日は書き入れ時なので公休日も不定期。一応は4週8休ということになっているが休めるのは月5日がいいところ。本来は指定休日の日に出勤しても割増の賃金さえ払ってくれない。

「最大の不満はお給料が上がらないこと。**4年目でも手取りだと13万円ほどしかありません**。これって少なすぎると思う」

アパートの家賃が5万2000円、水道光熱費、通信費の合計が約2万円。被服費が8000円前後出ていくので残るのは5万円。これで1ヶ月をやり繰りしているのだ。

「食費は1日800円前後で賄うようにしています。自炊は当たり前で外食なんて滅多に行きません。普段の買い物は閉店間際のスーパーだけです」

閉店後の後片付けなどを終えて店を出るのが20時頃。京浜東北線で最寄り駅に着くと駅ビルの地下食品街が売れ残りの商品に30％引きや半額のシールを貼り始める。それを拾い買いするのだ。

「お弁当を2パック、菓子パンやおにぎりなどを2つ。これしか買いません。**スイーツやフルーツ類が『買って、買って』と言っている気がするときがあるけど我慢ですね**」

ある日の買い物はこんな感じ。鳥そぼろ弁当とのり鮭弁当、ジャコおにぎり、クリームパン。いずれも半額処分品だ。通常売価だと１１９０円になるが半額品なので５９５円。夕飯として食べるのは鳥そぼろ弁当だけ。おにぎりとクリームパンは翌日の朝食用。のり鮭弁当は冷蔵庫に入れておき、翌日に自前の弁当箱に移しかえてお昼用に持っていく。

店の冷蔵庫に入れておき、食べるときにレンジで温めるというわけだ。

「とにかく安いものをということになると、取り合わせとかバランスなんて言っていられません。だから夕食がカツカレーと鰺のたたき、朝食がチャーハンのおにぎりと大福なんておかしな取り合わせになるんです」

夜中、小腹が空いたときに食べるお菓子類も１００円ショップで売っているスナック菓子。パックの裏に表示されているメーカー名は聞いたこともないところのものだ。

「1ヶ月の食費は2万５０００円前後ですね。何かのときにスッカラカンじゃ困るので1万円は郵便貯金しています。だから自分の自由に遣えるお金は最大でも1万５０００円です。

ホント、貧乏でしょ。話していて悲しくなります」

こんな耐乏生活がいつまで続くのかというと、「この仕事をやっている限りは抜け出せそうにない」そうだ。

「業界全体のお給料が低すぎる。**うちのチェーンでは店長に昇進しても月給は30万円がいいところらしい。年収でも450万円には届いていないみたいですね。**これでも同業他社よりは高めの設定なんですって。だから人の出入りは激しいですね。キャリアを積んでも35歳頃までに独立できなきゃ安く使われるだけですから商売替えする人も多い」

とりあえず美容師免許を持っているのでいつでも就職できるという強みはある。辞めたいときには簡単に辞められる。だから年がら年中募集しているのだ。

NO.17

夜の仕事はにわかホステス

大沢春美（25歳）

出身／静岡県浜松市　最終学歴／短大卒
現在の居住地／東京都品川区　居住形態／賃貸アパート
職業／事務系派遣ＯＬ、スナックホステス兼業　年収／約３５０万円
家庭状況／独身

週末金曜日の夜、昼の仕事を終えた大沢さんは地下鉄浅草線に乗って家路を急いだ。大沢さんの自宅アパートがあるのは品川区内、最寄り駅は戸越だが下車したのはひとつ手前の五反田駅。駅から3、4分歩いたところに建つ雑居ビルの地下がもうひとつの職場なのだ。

「**場末のスナックですよ**。経営者のママとわたしを含めたアルバイトレディが交替で何人か出ているだけのこじんまりした店です」

大沢さんの本業は派遣の事務系ＯＬ、派遣社員歴は短大卒業後ずっとなので5年目だ。

「派遣を選択したのは次善の策というか、新卒無業者やフリーターよりはましだと思ったからです。積極的に派遣を選んだわけではありません。正社員の職を得るまでのつなぎだと思っていましたがもう5年目に入ってしまいました」

大沢さんが短大を卒業したのは10年3月。就職活動は2年生の初っ端から始めたが短大卒を採用してくれる企業は年々減っていた。運の悪いことに就職活動をしていた時期がリーマンショック直後だったから学校に来る求人数は過去最低の数。大袈裟ではなく120社近くの選考を受けたが全滅だったという。

「恐らく就職内定率は40%程度だったと思います。**就活うつになって卒業式を欠席した同級生もいましたよ**」

大沢さんもギリギリまで粘って正規雇用を目指したが叶わず卒業後に大手派遣会社に登録。ビジネスマナーやパソコンの基本的操作などの講習を受け、6月から事務職の派遣ＯＬとして働き始めることになった。

「職務内容は文書ファイリング、パソコンでのデータ入力。その他雑用全般。どこの会社にもいる一般職の事務員です。繊維専門商社、医療法人を経て現在は事務機器の販売会社に派遣されています」

派遣社員としての待遇は時給1400円で1日8時間労働、月5時間前後の残業代があって月収は23万円ほど。当然だが各種手当や賞与はなく、交通費も自腹だ。

「年収ですか？　去年は272万円でしたね。派遣2年目からずっとこれくらいの年収です。派遣ＯＬで年収が３００万円を超えることはあり得ない」

派遣の給料は時間給×実労働時間だから休日が多ければ減収になる。これが痛い。

「今年1月の明細書は悲惨でしたね。12月分のお給料なわけですが16日起算、翌月15日締めの25日払いということでしょ。そうすると天皇誕生日があり、年末年始の休みが9日。1月は成人の日があるから出勤日数は16日だけです。額面で約18万円、手取りだと14万円ちょっと。もう悲しくなりました」

同様にゴールデンウィークのある5月、夏期休業のある8月も収入は大きく下がる。月に20日稼働しても月収は23万円、手取りは19万円。東京で自活していくにはかなり厳しい。そこで収入の補填をするべくアルバイトとして選んだのがスナックホステスということなのだ。

「ここだけの話ですが、わたしが在学していたときにも女子大生パブとかキャバクラでアルバイトをしていた子がいましたよ」

現在、登録している派遣会社のスタッフにも赤坂や銀座のクラブでヘルプのアルバイトをしている人もいるらしい。派遣社員だけの給料では生活を営むのが厳しいので水商売に限らず、土日だけホームセンターの事務処理をやっているとか、エスニック料理店で接客をやっているというのは普通のことだという。

「カウンターの中に入るのは金曜と土曜だけです。ママは週の中頃にも出てきてよって言うのですが平日だと昼間の仕事に差し支えそうでしょ」

勤務時間は概ね18時頃から看板の零時まで、時給は２０００円ということだ。基本的には週末だけの約束だが祝日の前日は出勤することもある。なので副業での月収は６万４０００円～８万円。帰りのタクシー代として１０００円出してくれるので助かる。

「お客さんは近辺の中小企業に勤めているサラリーマンが大半ですね。年金暮らしの高齢の方も気晴らしに来るみたい。お客さんと雑談したり愚痴を聞いたりカラオケのお相手をしたり。これはこれで結構面白い。社会勉強になることもあるから」

銀座の高級クラブでは御大尽の客が気に入ったホステスにベンツをプレゼントしたとか店のスタッフ全員を引き連れて焼肉店で大盤振る舞いなんていう景気のいい話があるが、こんなことは一度もない。だから安全だという側面もある。

「**アルバイトの収入はほとんど手を付けないで貯金しています**。派遣社員になって最初の３年間は蓄えを作るのは無理でした。お米や味噌、醤油などは実家から送ってもらっていました」

派遣３年目が終わる頃までに作れた貯金は20万円足らずだったがホステスのアルバイトを

するようになって一気に１８０万円まで残高が増えた。このお金で大沢さんは人生をリセットさせようとしている。

「商科短大の会計科卒なので以前から学校で学んだことを仕事に活かしたいと思っていました。**具体的には税理士の資格にチャレンジしたい。貯金はそのための学資に充てるつもりです**」

この希望はずっと前から温めていたもの。だけど派遣社員の薄給では専門学校の夜間コースの費用は賄えなかったのだ。

「貯金が２００万円になったらホステスはやめます。派遣社員をしながら勉強します」

水商売で副業していることは親にも話していないし人にも勧めない。だけど、お金がなければ何もできないのも事実だ。お金は精神安定剤だと思う。

五十路に入ったバブル女子

廣井洋子（50歳）

NO.18

出身／埼玉県朝霞市　最終学歴／大学卒
現在の居住地／東京都板橋区　居住形態／賃貸アパート
職業／アルバイト事務員　収入／月収15～16万円
家庭状況／独身

「女子大を卒業して専門商社に就職したのが87年でした。今の大卒は厳選採用で就職するのが大変だそうですが、わたしの頃は四大卒の女子でも一般職要員として引く手あまたという状態でした。会社でも若い女子というだけでチヤホヤされていました」

過ぎた若い頃の話を少し懐かしむような廣井さんの現在の仕事は小さな運送会社の臨時雇い。自分でも「こんなおばさんになってアルバイトで食いつなぐとは思わなかった」と苦笑する。

廣井さんが大学４年生で就職活動をしていたのは86年。時代はバブルのとば口に差しかかっていた頃だった。大学の数は現在の半分程度だったから大卒の価値は今よりも遙かに高く、求人倍率は2・5倍以上。完全な売り手市場だった。

「あの頃は中の上レベルの大学なら内定が3、4社あるのが普通でした。会社説明会に出席しただけなのに『一次選考は通過しました』という連絡が来たりだったわ」

何社かから内定をもらった廣井さんが選んだのは衣料、繊維などを取り扱っている専門商社。もちろん東証一部の上場企業だった。そして本格的なバブル景気に突入する。

「残業代は青天井だったし、賞与は初年度の冬から想像を超えた金額が出ました。**これまでの中で最も年収が高かったのが入社4年目（90年）のことですもの**」

年に3回は海外旅行に行き、ブランド物のバッグや服を買い漁る。週末にはジュリアナ東京、マハラジャ、トゥーリアへ繰り出して遊び回っていた。

後にバブルは91年に崩壊したとされているが、少なくとも92年中頃までは好景気の余韻が残っていたという。

結婚したのは92年、28歳のとき。夫は3歳上で金属会社に勤めるサラリーマン。神奈川県内の新築マンションを購入し流行りのＤＩＮＫＳを気取った暮らしだった。しかし、その暮らしは長くは続かなかった。

「まず、わたしが勤めていた会社が経営不振に陥り人員削減があったんです。もう一般事務職はいらないということでした」

バブル景気に踊っていた頃は人手不足だったこともあり何も言われなかったが、不景気になったら会社の雰囲気は「普通、結婚したら退職するのが当然でしょ」という空気になっていた。

「夫の会社も芳しくなくなり同業他社に吸収されることになりました。これで早い話が失業してしまったわけです」

バブル崩壊後の不景気で再就職はままならない。経済的に苦しくなると夫婦仲も悪くなる。夫の女性問題も発覚し96年、32歳のときに協議離婚ということになった。

「子どもがいたら結論が違っていたと思いますけどね。離婚後は都内のアパートに居を移し、仕事を探したのですが、中小、零細企業の事務員やサービス業しかありませんでしたね」

１年近く職探ししてようやく採用されたのは飲料販売会社。ここで営業事務を担当していたが賃金を含めた待遇は以前の職場より数段落ちた。再就職直後は月収18万円、年収250万円。10年勤続しても月収は23万円、年収320万円というレベル。

「だけど、独り身ですし贅沢をしなければ何とかなっていました」

ところが44歳直前の08年に婦人科系の病気を発症。手術をしたが体調が回復するまでには1年以上かかったという。会社からは病欠して４ヶ月経った時点で自発的に退職するようにという強い要望があり依願退職することになった。

「**それ相応の預貯金はありましたが、この期間の医療費と生活費で大半が消失しました**」

何とか体調は元に戻ったが既に年齢は45歳。そのうえリーマンショック直後のご時世だから派遣の仕事さえない。事務にしろ販売・接客にしろ時給いくらのアルバイト的な仕事ばかりを短期間で転々とすることになる。

「損保会社のコールセンター、消費者金融の督促業務、区役所の臨時事務員、和食レストランのホール担当、大手スーパーの雑貨販売兼レジ係、デパートのギフト販売事務……。雇用期間は1ヶ月だけだったり3ヶ月契約だったり様々。時給は900円から良くても1100円で社会保険には加入できませんでした」

現在の仕事は運送会社のフルタイムアルバイト。事務処理がメインだが人手が足りないときは荷積み、荷下ろし、トラックの洗車などもやる。

「月収は15万円から多くても16万円。**最近マスコミで言われている貧困女子ってわたしのことだと思います**。正社員で働ければと思うけど特技、資格なしの50歳ではこれが精一杯です」

この仕事もいつまで続けられるかわからない。何しろ採用面接のときに「正社員に転換することは絶対にありません」と言われているし、病気・怪我などで2週間以上休むことになったら解雇という条件も付けられている。

「今の仕事は1日8時間勤務で隔週2休、正社員の人たちと同じ条件なのに社会保険には未加入です。**違法なことだとわかっていますが我慢するしかありません。文句を言ってまた職を失うことの方が怖いんです。**」

もう50歳だから次があるかわからない、あったとしても今より条件が落ちるのは目に見えている。面接でこれまでの来歴を根掘り葉掘り質問されるのも苦痛ですから」

一体、自分はどこで道を逸れてしまったのかと思うことがある。街中で自分と同年齢くらいの女性が家族連れでいるところを見ると尚更だ。離婚の後悔はないはずだが独り身の将来を考えると気が滅入る。

80歳になる母親からは「お前のことが心配で死んでも死にきれない」と泣かれることもある。もう気分は限りなく黒に近い灰色だ。

◎中小企業の経営者

追い込まれる経営者の本音

これまで低賃金にあえぐ労働者の話に焦点を当ててきたが、苦境に立たされているのは彼らだけではない。経営者の中にも時代の変化についていけなかったり、売上が激減したりと厳しい状況にいる人も多い。経営者の声に耳を傾けるため、都内で金属、プラスチック加工会社を経営する伊藤さんに話をうかがってみた。

伊藤さんは東京都大田区出身で現在58歳。都内城南地区で下請けの町工場を経営していて、5人の従業員を抱えている。事務処理は奥さんが一手に引き受けている。

請け負っているのは自動車、精密機械に使われる螺子の加工とプラスチック製品の射出成形加工。業歴は先代（父親）から数えて40年近くになる。年間売上は約6000万円あるが経営はかなり厳しいという。

アベノミクスをどう思うかと尋ねると、伊藤さんは溜め息交じりに答えた。

「わたしのところには何の恩恵もありませんね。親しい人たちも仕事が好転したり暮らしが楽になったという話はしていないよ」

4、5年前と比べれば受注量は増えているようだが、利益がほとんど増えていないのが悩みの種だ。利益が増えない理由は諸々だ。まず原材料費の値上がりが痛い。鉄、銅、錫、真鍮、アルミは2割以上価格が上昇した。天然ゴム、ポリプロピレンなどは3割の値上がりだ。その上、電気代の値上がりも経営を圧迫していると伊藤さんは言う。

「うちのような生産工場は契約アンペアが大きいんだよ。そうすると基本料金も高い、節電に努めているけど震災前の請求書と見比べたら4割近くも高くなっています。ガソリン代も上がっているから輸送費も馬鹿にならない。円安のしわ寄せはすべて中小、零細企業が被っているんですよ」

消費税の増税も追い打ちをかけてくる。原材料の購入、オイルや機械を整備するための特殊洗浄液、作業着、安全靴などの消耗品にかかる消費税が重たい。

「恐らく、昨年度に比べると40万円以上の負担増になると思う。製品に上乗せできないからこっちが被るしかないね」

このような状態で自分たちが歯を食いしばっているにもかかわらず、発注元の大手メーカーは空前の好景気、春闘は満額回答だったというニュースが聞こえてくる。そのたびに「ふざけるんじゃねえ」と毒づきたくなる。

以前は円高が進むたびに工賃が切り下げられた。円安になったのだから工賃を上げてくれればいいのにそんな話はどこからも出てこない。苦しいときには下をしぼるくせに、楽になっても還元しないとは不公平だと感じる。

それどころか「加工賃を中国並みに下げられないか」と言ってくる発注元もあるというから伊藤さんが暗澹たる気持ちになるのもわかる。請け負ったときに契約書を交わしているので一方的な単価切り下げは違法である。しかし、断れば次の仕事が入るかどうかわからない。悩んだあげく要求を飲むしかない。こんなことが何度もあった。

「こんな状態なので従業員たちには我慢してもらうしかないんです」と伊藤さんは言う。今年は期待を込めて若干の賃上げを実施したが、前の3年は賃上げゼロで泣いてもらうしかなかった。今年の上げ幅も1200円がやっとでベアはなし。これでも精一杯なのだ。

「これで資金が潤沢ならば設備投資をして大量生産できるように工場のシステムを変えることも選択肢のひとつだけど、うちではちょっと無理ですからね」

今でも会社は銀行、信金、行政の特別融資などで2000万円近い借入がある。技術革新に遅れれば下請け同士の競争に負けるから可能な限りの手を打ってきた。しかし、もう担保になるものは残っていないし、仮に設備を最新のものにあらためても仕事が切れ間なく入ってくるという確証はない。これ以上の投資は危険だと思う。

大通りの向こう側も工場街になっているが廃業したり休眠会社になっているところが相当数あるという。少し広い敷地になると、工場をつぶして時間貸しの駐車場になっている。

商売を畳むのは生産工場だけではない。それに付随して商いをしていたところもポツリポツリと消えていっている。昔は銭湯だったところはマンションに、定食屋の跡地にはコンビニが進出してきた。運送会社の操車場跡はパチンコ屋に変わっている。

伊藤さんの会社がお昼にとっている給食弁当屋さんからも年内一杯で営業を停止しますという通知が来た。配送に来てくれているお兄さんに聞くと、食材の値上がりや消費税の増税でもうやっていけないということになったということだった。

身近なところでこんなことがあるから自分のところもいつ危なくなるかという不安が常につきまとっている。

「一応は経営者だから社長と呼ばれているけど、内実は火の車一歩手前を綱渡りしているんですから」

会社の売上としては年間で6000万円近い数字を計上しているが原材料の仕入れ、消耗品代、機械のメンテナンスなどで2000万円は出ていく。従業員5人の人件費も2200万円。水道光熱費と燃料代が年間150万円ほど。借入金の返済が約100万円。

さらに固定資産税、法人税、消費税などの公課と従業員の退職金積立を払ったら残るのは1000万円ほど。伊藤さんと奥さんの取り分は合計で700万円。残りは予備費として口座にプールしている。社長とは名ばかりで、実情はかなりの自転車操業なのだ。
法令通りの休日や有給休暇を与えている従業員とは違い、経営者は自分で穴を埋めなければならない。8時から21時までぶっ通しで働いていることも珍しくない。「社長といっても中小企業じゃこんなものなんですよ」と伊藤さんは溜め息交じりだ。従業員たちも頑張ってくれているが、それ以上のことは望めない。苦境に立たされた経営者は孤独な戦いを強いられている。

追い込まれる経営者の本音・完

【第４章】

非正規労働者のなげき

半ホームレス生活

斉藤公男（46歳）

NO.19

出身／山形県鶴岡市　最終学歴／高校卒
現在の居住地／神奈川県川崎市　居住形態／ゲストハウス
職業／日々紹介、日払いアルバイト　収入／日給8000円程度
家庭状況／独身

「とりあえず寝起きする部屋はあるんです。**だけどそこはゲストハウスだから利用料が払えなくなったら出ていかなきゃならない。半ホームレスみたいなものですね**」

去年（13年）の10月から川崎市内にあるゲストハウスで暮らすようになったという斉藤さん。ヤドカリ生活はそろそろ丸1年になる。以前の仕事は工場の派遣社員、雇い止めされた現在は人材会社の斡旋で日々紹介の日払い仕事をして糊口をしのいでいる。

高校を卒業した斉藤さんは県内の木材加工会社に就職、工場で技能職として働いていたが01年半ばに会社が倒産。翌02年年初に業務請負会社と契約し、上京して電機メーカーの工場

で働くようになった。これが現在の生活に至る入口だった。

「最初は電機メーカー、次は自動車。それからは自動車部品、精密機器、金属加工、建設資材、食品、化学などの工場を転々としました」

05年4月からは派遣に切り替えられたが、何がどう変わったということはなかった。

「約11年の間に都内と近郊の工場を15ヶ所ぐらい異動しましたね。そのたびに住所も変わった。工場ジプシーみたいだな」

就労場所が変わるのは減産、工場の集約、職場の人間関係などいろいろだった。

「給料はどこの工場にいても月23万円前後でしたね。**社会保険料と寮費、家財道具のリース料などが天引きされた後の月収は13万円ぐらい。1人で生きていくだけで精一杯でしたよ。**まとまった蓄えを作るというのも難しかったな」

幸いなことに08年後半からの派遣切りは免れたが直接雇用には転換できずじまい。そして13年9月に雇い止めになり収入と住まいを喪失した。

「そのときは塗料工場に回されていたんです。特に何かをやらかしたということはないけど**6ヶ月の契約期間が終わる直前に『もういいです』って雇い止めだった**。工場の方から40歳以上はいらないと言われたみたいですよ。派遣会社の若造には『あなたも、もう飽きたでしょ』って言われたよ。腹いせに次の人には仕事の手順をメチャクチャに教えてオサラバしてきた」

仕事を辞めるとなると最大の問題は住まいの確保。それなりの預貯金はあったが15～20万円の初期費用を出すのは重たかった。

「今のゲストハウスはネットで検索して見つけたものです。失業手当を受けるのだって住所は必要なわけだから助かった。敷金礼金・保証人不要ってのも手軽でいい」

ハウスと名乗っているが雑居ビルのワンフロアを細かく区切ったもの。個室だが広さは4畳半程度しかない。トイレとキッチンは共用で風呂はなし、銭湯を利用している。問題になった脱法ハウスに限りなく近い。それでもほぼ満室の状態だという。

「自分の年齢と被保険者であった期間から失業手当は240日でした。1ヶ月だと約15万4000円ぐらいでしたね。ハローワークへは日参したけど新しい仕事は得られませんでした」

塗装工場、メッキ工場、警備会社などに連絡してみたが「経験者が望ましい」「30代の人を優先している」などと言われて散々だった。

「今度こそは正社員で働きたかったけど、行き着くところは日払い仕事でしたね」

安定した仕事には就けないが日雇い、短期契約の不安定な仕事なら掃いて捨てるほどある。派遣会社から衣替えした人材会社へ行ってみたらその場でエアコンクリーニングの仕事を斡旋されたし、求人情報誌を見て引越し会社の土日アルバイトにも登録した。仕事がまったくないというわけではない。

「だけど給料は低いよ。エアコンクリーニングは時給１０００円。引越しの方は日当で８０００円です。仕事場へ通う交通費も出ないからね」

エアコンクリーニングは週４日、引越し作業は１ヶ月で６日の勤務。合計しても月収は17万円台が限界だ。

「本当はもっと働いて稼ぎたいけど、もう身体がもたない。40代後半になって肉体労働を週休1日でやるのは無理です。パンクしちゃう」

特に引越し作業は堪える。オフィスの移転では大量のデスクや椅子、書類箱を動かすので腕も腰もパンパンになる。消炎鎮痛剤の塗り薬が必需品になってしまった。

現在の月収は概ね17万円。水道光熱費込みの家賃が７万円。できればアパートを借り、腰を据えて職探ししたいからそのために３万円は郵便貯金に入れている。

残りは約７万円だが仕事場との往復交通費が６００円ぐらい必要なので純粋に遣えるのは１日１７００円ほど。

「やり繰り上手にはなったよな。食費は３食で１日９００円ぐらい。朝は前日に賞味期限切れの菓子パンを買っておく。昼と夜は３００円前後の弁当、飲み物は50袋１９８円の麦茶を水出しし、水筒に入れて仕事場へ持参してるんだ。**5月から10月まではほぼ毎日風呂屋通いするけど冬場は2日に一度で我慢するしね**」

ゲストハウスの生活は殺伐としていてお互いにコミュニケーションをとることはない。共用のリビングもあるがほとんど無言で携帯をいじっているか週刊誌を眺めているか。お互いの生活には立ち入らないという暗黙のルールが存在している。

「揉め事はしょっちゅうです。特に多いのが食料の盗難。名前を書いて冷蔵庫に入れておいても勝手に人の物を盗み食いするのがいる。共用スペースに荷物を放置したままの奴がいたり、夜中でも大きな音でラジオを聴いていたり。そういうのを見ると、**こんなところに来るのはろくなもんじゃないと思いますよ。自分もそうだから本末転倒だけど**」

ゲストハウスはあくまで仮の居場所、長く留まるところではない。1日でも早く部屋を借り、住民票を得てちゃんとした仕事に就きたい。

派遣社員からの脱却

筒井英明（26歳）

NO.20

出身／千葉県津田沼市　最終学歴／大学卒
現在の居住地／東京都狛江市　居住形態／賃貸アパート
職業／派遣社員　収入／平均月収21万円
家庭状況／独身

「派遣社員で働くようになってもう2年経ってしまいました。そろそろ足を洗いたいと思っているのですが正社員での再就職は厳しい。茨の道です」

現在の筒井さんの職場は巨大ショッピングモールに入っている大型の携帯電話販売店。仕事は携帯電話、スマートフォンの販売と事務手続きだ。スーツ姿でテキパキ働く姿は普通の若手社員のようだ。

筒井さんが派遣社員になったのは緊急避難的な要素が大きい。11年に大学新卒で就職したIT企業は典型的なブラック企業。入社直後から毎日、終電近くまで仕事をしたが残業代は出ない。休めるのは月3日あればいいというもので半年後にはパニック症状と過労性難聴になってしまい退職したという。

「体調は2ヶ月で戻ったのですが再就職は上手くいかなかった。採用試験を受けても『なんで半年で辞めちゃったの?』という話になって不採用の連続でした。**収入を得なければ生きていけないからアルバイト探しのつもりで面接に行ったのが派遣会社だったんです**」

現在の時給は1420円、1日の労働時間は7時間30分なので月収は21万円台。社会保険にも加入できているのでアルバイトよりはましな方だ。しかし、保証は何もなく、また職場の雰囲気は淀んだ空気が漂っている。

「スタッフは総勢で20人いるのですが正社員は店長を含め3人だけ。他に3人が契約社員であとは全員が派遣なんですよね。その派遣もわたしが登録しているところとは別の派遣会社からも数人来ているので一体感はまるでありません」

モバイル会社が新機種を発売した、新料金システムを導入したといったキャンペーンで来る女性も別の派遣会社やマネキン紹介所から回されてくる女の子。いかに安く仕上げるかしか考えていないと思う。

「**士農工商じゃないけど正社員、契約社員、派遣社員というヒエラルキーがあります。正社員はわたしたち派遣社員の監視が仕事みたいです**。それなのに残業している派遣を残したまま定時で帰っちゃうんですよ。クレーム処理や掃除、後片付けを押し付けて。だから職場では派遣の方が正社員よりも忙しく働いているんです」

正社員ならまだしも年下の契約社員から「これ、やっといて」と命令口調で仕事を頼まれることが結構ある。

「まっ、こっちは大人ですから怒ったりはしませんけどね」

派遣社員同士も仲が良いということはない。仕事中の会話はほとんどなく休憩時間も皆バラバラ。勤務時間が終了したら「ハイ、サヨウナラ」で個人的な付き合いはない。

「乗り換えの駅が新橋なんですが、年齢がバラバラなのに酔って騒いでいるサラリーマンのグループを見るとちょっと羨ましく思います。最初に就職した会社でも今の派遣会社でも個人的なことを相談したり共通の話題で意見を交換するなんてしたことはありませんから」

世間的な風当たりも辛いところだ。以前、引越ししようかと思って不動産屋へ行ったときも派遣とか契約の人は収入が不安定だから家主が嫌がることがある、家賃保証できないこともありますよと言われたという。冠婚葬祭で親戚と会ったときも仕事の話は極力避けている。

「**大学時代の友人とは現在も交流があるけど彼らと会うときも何となく気後れする。**特に大手、準大手クラスの会社に就職できた人や地方公務員、中学高校の教員など社会的信用度が高く、収入も雇用も安定してる人に対しては自分の身分の低さが嫌ですね」

特に収入やボーナスの話題になると落ち込むこと甚だしい。

「大手だと月給は年齢×1万円が相場、これに手当が付くから商社や生損保に進んだ人は月収30万円ぐらいだと言っていた。去年の賞与は年間7ヶ月だったとか株取引で200万円儲かったなんて景気のいい話を聞いていると気が滅入りますね」

筒井さんの月収は21万円台前半で年収は250万円と少し。派遣をやっている限り収入はこれ以上になることはない。まだ26歳だが大手正社員の半分ほど。年齢が高くなるに連れて差は拡大していく。歳をとったときのことは考えたくない。

「誘われて飲み会に出ることもあるのですが友だちの友だちとか初対面の女性がいると派遣社員と言わず『モバイル販売店に勤めています』と自己紹介しています。**やはりどこかで派遣社員という立場に負い目がある**」

早く正社員に復帰したいと思うがこの販売店では正社員になるつもりはない。というのは派遣を始めたときに派遣から正社員になった先輩がいたのだが、その人から「この会社は正社員でも派遣でも仕事内容や立場に大差ない。出世欲があったり将来を考える人は辞めていく」と教えられたから。その先輩氏も他店舗に異動して数ヶ月で退職したという話だ。

「それに自分は接客業には向いていないと思う。たぶん正社員になってもすぐに辞めちゃうと思うんです。希望はＩＴの世界に戻ってＳＥやネットワークエンジニアになること。大学では情報処理を学んだのだからそれを活かしたい」

情報通信の知識はひと通りあるし、今でも専門書を読んでいる。プログラマーやSE見習いの募集をしていた会社を何社か受けたが面接では「君くらいのスキルの人はゴロゴロいる」「実務経験がない」と言われておしまい。先に進めない。

「就職活動のときに、大手で埋もれるよりは中小で光れとかベンチャーで中心になれと言われたけど、あれは嘘だと思う。すべてじゃないけど中小、新興にはブラック度の高い会社が多い」

新卒のときにまともな会社に就職できなかったら修正するのが困難だと実感する。

中年フリーターの悲哀

吉川弘志（44歳）

NO.21

出身／山梨県韮崎市　最終学歴／大学院卒
現在の居住地／東京都大田区　居住形態／賃貸マンション
職業／派遣社員　収入／月収約20万円
家庭状況／妻、子ども2人

「まさか40歳を過ぎて派遣社員になるとはね。まっ、働かなければ飢え死にするだけだから金のためと割り切っていますが肩身は狭いよ」

つい半月前に44歳の誕生日を迎えたという吉川さん。現在の仕事は医療介護専門の派遣会社に登録していて都内の総合病院に事務職として派遣されている。

吉川さんの元々の仕事はエレクトロニクス、メカトロニクスのエンジニアだった。

「95年に大学院を卒業して就職したのは精密電子部品や産業用ロボット、各種製造業の組立関連装置の開発を手がけていた会社でわたしは技術者として勤務していました」

携わった仕事は自動車工場の塗装装置の設計、精密機器メーカーのデジタルカメラ製造ラインの設計、食品メーカーの自動包装装置の開発など。会社の技術力は高い評価を受け顧客は電気、自動車、精密、食品など多岐に亘っていた。

「リーマンショックが大きな潮目だったな。設備投資抑制の影響が大きく10年3月にリストラがあったわけです」

当時の年齢は40歳。エンジニアとして働き続けたいという気持ちから硝子メーカーの契約社員となりファクトリーオートメーションの開発・設計を任された。

「契約社員ということでしたがエンジニアですから賃金は高い方だったと思います。年収で500万円は超えていましたからね」

ところが約2年勤めた12年5月に2度目のリストラに遇うことになる。

得意先メーカーが生産調整をしたり海外に製造拠点の設置をしたりで受注が急減。人員整理が行われたのだ。

「正社員のリストラは時間とお金がかかるし労組の同意も取らなきゃならないけど派遣や契約は簡単に調整できますからね。**『今回の契約期間満了で雇用契約は終了します』という紙切れ一枚で失業しました**」

退職金はなし、慰労金もなし。会社都合による失業だから失業手当の受給が7日の待機期間で開始されたのが唯一の救いだった。

「再々就職は全滅でしたね。人材会社経由で数社の面接に臨みましたがわたしぐらいのエンジニアは掃いて捨てるほどいます。そうするとやはり年齢が大きな壁になるんだな。払う賃金とこれからの貢献度を天秤にかけたら若い人を、となるのは当然だと思う」

ハローワークはもっと悲惨だった。エンジニアや高度専門職の求人は皆無という状態、そのうえ年齢が40歳過ぎでは高齢者扱いだった。

「求人がまったくないというわけではないけどわたしの年齢だと飛び込みの営業、介護、警備、清掃などの仕事しかありませんよ」

失業手当が切れたあとはアルバイト的な仕事を探してみたがこれも不調に終わった。接客、販売や肉体労働的な仕事は学生時代のアルバイトを含めてもやったことがない。求人誌を見て食品スーパーや飲食店の面接に出向いても「貴方には務まらないと思うよ」「大学院まで出た人がするような仕事じゃないでしょ、すぐに辞められても困るんだ」などと言われる始末。

今の仕事は新聞広告で見つけたのだが、驚いたのは事務作業以外にも処置室や手術室のクリーニング、医療機器の洗浄消毒、看護師のアシスタント業務、病棟内での介護補助業務まで派遣で賄っていたこと。医師の半分くらいも各大学の医局から週1、2日派遣されてくるアルバイトドクターだ。

吉川さんの仕事内容は病院での外来受付、会計、レセプト入力などの業務。勤務時間は8時30分から18時まで。時給は１２００円ということだ。社会保険には加入できるし交通費の支給もある。昇給もあるということなので派遣にしては条件がいい方だ。

「だけど月収は20万円がいいところですね。製造業のように時間外勤務や休日出勤がありませんから」

夏冬は寸志程度の慰労金が出るが年収は２５０万円が上限。この収入で一家4人が暮らしていくのは到底無理な話。頼みの綱は奥さんということになる。

「妻はずっと専業主婦だったのですがわたしが2度目の失業をした直後から、やはり派遣で働くようになりましてね。損保会社のコールセンターで自動車保険の更新案内や事故受付などをやっています」

妻の収入が月収で約15万円、年収にすると１８０万円になるが2人足しても給与所得者の平均賃金と同程度の水準だから生活に余裕があるというわけではない。

「**金銭的に余裕がなくなると、どうでもいいようなことで言い争いになったり不機嫌になったりしますよ**」

最近の喧嘩の原因は晩ご飯のおかずを巡るもの。

「スーパーの惣菜をパックのまま出されましてね。『今日も○○ストアか』って言ってしまったの。そしたら『あんたがちゃんと稼いでいたら料理ぐらいするわよ』と言い返され怒鳴り合いになった。本当にくだらないと思う」

目下の悩みは長男の高校進学について。

「中学3年なんですが、まあ出来はいい方なんです。都立の上位校は合格圏なのですが妻が教育熱心なもので早慶の付属校に入れたいなんて言いましてね。一体、いくら必要なのかわかっているのか。実家の親に援助してもらうと言っているけど」

次男はまだ小学5年生。子ども2人の高校、大学の学費を考えると今の仕事を続けていくわけにはいかないと思う。

「今でもハローワークへはたまに寄っているけど職種や賃金で納得できるものは少ない」

そんな中で唯一、稼げそうなのがタクシードライバー。『未経験歓迎・二種短期養成。月収40万円以上可』と記されていた。心が動く。

免許と一緒に仕事をなくした

稲垣文則（50歳）

NO.22

出身／富山県魚津市　最終学歴／高校卒
現在の居住地／東京都北区　居住形態／社員寮
職業／警備員　収入／月収約18万円
家庭状況／独身

「一昨年の暮れ（12年）まではトラックの運転手をしていたんですが追突事故を起こしてしまいまして。運転免許が取り消しになり欠格1年の行政処分になりました。**ハンドルを握れない運転手が会社にいられるわけないでしょ。『辞めてくれ』の一言で失業しちゃったよ**」

稲垣さんは高校卒業後に地元の企業に就職。20歳のときに運転免許を取得し、その2年後にトラックドライバーに転身したという。28歳で大型免許を取得して上京、都内の貨物運送会社に転職し定期便の運行を担当していた。

「積荷は生鮮食品が主で北海道から九州まで全国をくまなく回っていました」

大型車の運転手になった当初は羽振りがよく、月収45万円以上は珍しいことではなかった。ところが小泉内閣で断行された規制緩和でそれは長く続かなかった。運送業が免許制から届出制になると新規で参入する業者が急増、結果としてダンピング合戦になり、仕事はきつくなるのに賃金は抑えられるという状態に陥っていったという。

「長距離にしろ短距離にしろまったく休めなかった。運転だけではなく荷積み、荷下ろしもやるから尚更です。睡眠時間は4、5時間でしたね」

栄養ドリンクを飲んでも連続10時間も運転していたら疲労が蓄積され、運転中に目を開けていられなくなる。自分でも「事故を起こすのでは」という不安を抱えながらハンドルを握っていたそうだ。

「実際に追突事故を起こしたのは12年の師走でした。居眠り運転が原因で前のワゴン車にぶつけちゃったんだ」

死亡事故には至らなかったが相手の車は大破、稲垣さんも胸部打撲と頸椎捻挫で全治4週間の怪我だった。

「過積載とスピード違反、駐禁で反則キップを切られていましてね。そこへ重大事故を起こしたものだから起訴されて罰金刑を食らいました。累積の減点も15点を遥かにオーバーです。

免許取り消しで欠格1年ということになったわけ」

事故の後始末はすべて会社が処理してくれたがこれで失業した。このとき40歳。

「失業手当を受けながら職探ししたけど駄目だったな。資格や特技なんてないしね、運転免許も失っていては適当な仕事なんてありませんよ。工場の派遣か警備、飲食店、清掃業。さもなくば介護関係。40歳のおっさんじゃこんなものだよ」

派遣はやる気がなかったし清掃や介護は性に合わない。消去法で警備を選択したが労働条件は良くない。

「給料は日給月給制だし社員寮もボロアパートだものな。社会保険には加入できているけど」

賃金は日勤７５００円、夜勤８０００円。日勤と夜勤を5日ごとに交替で担当し１ヶ月の勤務日数は24～25日。休みは不定期だ。

「月収だと18～19万円といったところかな。社会保険料と寮費（水道光熱費込み）４万円を引かれると手取り11万円台。かなり低いよな」

日給制で働いていると不測の事態で勤務が飛ぶことがある。そうなると大減収だ。

「先月は2週続けて台風が来ただろ、工事現場に交通誘導で派遣されていたけど工事そのものを中止するから来なくいいってわけ。４日働かなかったから今月の振込額は８万４０００円だった」

年末年始、ゴールデンウィーク、お盆の頃も出勤日数が2～4日減るので収入も減る。普通の勤め人は休日が多いと旅行や遊びに行こうかと楽しいだろうが稲垣さんにとっては恐怖だ。

「生活はケチに徹するしかないね。このところはインスタントラーメンばっか食ってる」

朝と夜は基本的に自炊するようにしているが1日の食費は米代を除いて500円以内と決めている。食料品の値上がりが続いているのでやり繰りが大変だ。

「**インスタントラーメンも日清とか明星のものは特売でも5袋398円、だから100円ショップで売っている2袋100円のやつだけなんだ**」

具材はカット野菜とゆで玉子だけ。スープは半分くらい残して冷凍庫で保存する。3回分溜まると解凍して鍋に移し、冷飯を入れて雑炊にする。味噌ラーメンのスープはお勧めでとろけるチーズを加えるとリゾット風になるのだ。

「服はシーズンの終わりに古着屋で揃えます。秋に夏物、春に冬物の処分品を買い、タンスで寝かして次のシーズンに着るんです。去年の春に買ったダウンジャケットは1800円だった。クリーニング代より安いからひと冬で使い捨てても惜しくないだろ」

こうやって無駄なお金を遣わないように心掛けているが給料日の3日前頃になると財布の中身が2万円を切るようなこともある。

「ずっとトラックをやっていたのでそこそこの貯金はあるけど、これは本当に虎の子だから手を付けたくない。生活費は収入の範囲で賄えるようにしています」

それでも時々「俺は何が楽しくてこんな暮らしをしているんだ」と馬鹿らしく思うこともある。東京に行けば面白いこと、楽しいことが沢山あると思っていたが辛いことの方が多かった。

「唯一の救いは結婚していないことだな。扶養家族がいたら目も当てられないでしょ」

追突事故を起こしたあとは運転することが怖くなったが、耐乏生活を続けるのも疲れてきた。欠格期間は明けたのでもう一度運転免許を取得し、運送業に戻ることも考え始めている。

「駅のラックに置いてある求人誌を見たら4トン車のドライバーでも月25万円以上の給料なんだな。こんな犬小屋みたいなボロ家にいるのも嫌だし」

郷里には実家もあり両親もまだ健在。可能なら地元に戻って運転の仕事を見つけたい。

正社員から転がり落ちて

平河啓一（39歳）

NO.23

出身／東京都文京区　最終学歴／大学卒
現在の居住地／東京都足立区　居住形態／賃貸アパート
職業／業務請負会社契約社員　収入／年収約270万円
家庭状況／妻、子ども2人

「今の仕事は倉庫内作業というもので一日中、動き回っています。**終業時間頃にはかかとが痛くなる、腰が張る、腕が重い。休みの日は昼頃まで起きられないことがある**」

平河さんの職場は東京港近くの倉庫。ここに運ばれてくる衣料品、雑貨、食品、青果・果物、保存食品など様々なものを検品、仕分け、箱詰め、袋詰め、値札付けなどをするのが仕事だ。ここでピッキングされた品物はスーパーやコンビニ、各種量販店へ送られる。昔だったらその品物を扱っている店が自分たちでやっていた仕事を代行しているわけだ。

平河さんがこの仕事に就いたのは約2年前。それ以前はファッション関係のセレクトショップで店長を務めていたからまったくの畑違いだ。

「前の会社は呉服商が前身だったらしい。平成に入ってからミドルクラスの婦人服や若者向けのカジュアル服、わたしが就職して少し経った頃からは価格を抑えた宝飾品も扱うようになりましたね」

直営店の他にもファッションビルやショッピングセンターに積極的に出店し急成長したのだが、それが仇になって倒産したということだ。

「会社の顧問弁護士が言うには出店費用や不動産取得費が嵩み収益を圧迫していた。廉価性を武器にする大手チェーンに対抗するために安売り合戦に乗ってしまったことで一段と悪化、金融筋が支えきれなかった。こんな話でした」

倒産したのは11年2月。未払いの賃金と退職金の一部は国の立替払制度を利用して回収したが次の職探しは困難を極めた。3月に震災があったから尚更だ。

「可能ならファッション関係、アパレル関係で再出発したかったけど無理でしたね。倒産したときは36歳になったばかりでしたが店舗開発、店舗管理、商品仕入れ、人事労務管理などを募集している同業他社はありませんでした」

失業手当はすぐに支給開始になったがそれだけで生活を維持するのは困難。特に住宅ローンが重荷になった。

「**失業して5ヶ月目には住まいを手放しましたね**。マンションなんですが年間のローン返済が80万円、月々の管理費と修繕積立金が3万円だから年間36万円。固定資産税を含めると軽く120万円を超える金額です。とても払いきれないと思いました」

郊外の新興住宅地だから職探しもままならないというのも切実な問題だった。

「わたしも妻も生活していかなきゃならないからアルバイトでもパートでも何でもやる覚悟だったけど、周りは団地やマンション群と古くからの住民だけで事業所なんてありません」

ケチくさい話だがハローワークに通うのだって往復440円、都内の会社へ面接に訪れたら1200円以上の交通費がかかる。三桁の貯金と一部だが支払われた退職金はあったが次の仕事のあてがないのだから食い潰すわけにはいかない。マンションを売却処分しローンを清算。譲渡税を払っても剰余金が出たので都内のアパートを借りる資金も作れた。運が良かった方だと思う。

しかし、事情を理解できない娘には「どうしてお引越しするの？」と聞かれ、引越し後も「前のお家がいい、帰ろうよ」と何度か駄々をこねられた。これが親として辛かった。

肝心の再就職は空振りの連続。ハローワークでは事務・営業は最も求人数が少ない職種だ。新聞の求人広告をチェックしてみても異業種に転身するのは30歳が限度という感じだった。

「ところが派遣や臨時、フルタイムアルバイトなら仕事はあるんですね。約2年間は派遣で自動車保険会社のコールセンターや信販会社の督促業務。あとは郵便配達で食いつなぎました」

２年前は長女が小学1年生、長男が３歳だったから奥さんがフルタイムの仕事を見つけるのは不可能。平河さんが帰宅するのと入れ違いに19時から23時までファミレスへパートに出るようになった。これは現在でも続けている。

「今の仕事はハローワークで紹介されたものです。正直に言えば仕事自体に魅力を感じないけど社会保険に加入できるのはありがたい。40歳近くの再就職なんてこんなものだよ」

但し条件的にはきつい。契約社員ということで賃金は日給月給制、１日の賃金は８０００円。交通費は１日６００円まで。月20日出勤し残業を30時間。土日出勤を３回やっても月収は23万円前後。賞与は寸志程度の金額だ。住宅手当、家族手当もない。去年も今年も年収は２７０万円をわずかに超える額にとどまっている。

「**いつまで続けられるかわからないという不安はありますね。若い人も来るけど半年で半分いなくなる。**職種の変更はないから、いる限り今と同じ構内作業員。40半ばまでなら大丈夫だろうけど、それ以上になったら体力的に無理だと思いますね」

あまり身体に負荷がかからず、年収が３００万円以上の仕事を探しているが40歳直前では資格や職歴を重視されるから手を挙げられるものがない。全国紙の求人広告を見てみても溜め息しか出てこない。心が折れる。

ゆうメイトのなげき

長田信幸（36歳）

NO.24

出身／新潟県上越市　最終学歴／大学卒
現在の居住地／埼玉県狭山市　居住形態／賃貸マンション
職業／郵便局非正規社員　収入／月収約19万円
家庭状況／独身

「**非正規とはいえ日本郵便の社員になったときは、これで人生が好転するかなと期待していたんです**。正社員登用ありとなっていたから。ところが、もう5年も勤めているのにずっとアルバイト社員のまま。新聞報道を読むと上層部は非正規を正規に転換すると言っているらしいけど、いつ自分の順番になるかわかりませんよ」

長田さんは東京の多摩地区にある日本郵便の集配局に勤務していて、ゆうパックの配達業務に従事している。この仕事には09年8月に就労したから丸々5年が経過した。

長田さんが都内の中堅大学を卒業したのは就職氷河期と言われていた01年。ようやく就職できたのは埼玉県内で食品と雑貨を扱っている小規模なスーパーマーケットチェーンだった。

「希望も向き、不向きもありません。そこしか採用してくれなかったから」

この会社はブラック度が高く、残業代の未払いやパワハラも相当あったという。それでも耐えて6年6ヶ月勤めたが07年8月に自己破産を申請して倒産。職を失うことになる。

「潰れたときは『ああ、そうですか』って感じで何の感慨もありませんでしたよ。『もう明日から出勤しなくていいんだ』という思いの方が強かった」

会社倒産後は失業手当を受給しながら求職活動をしたが希望する職種、企業からは袖にされ続け仕方なく派遣の世界へ。某保険会社のコールセンターで自動車保険のテレアポをして糊口をしのいでいた。

「約1年2ヶ月続けたんですが年齢が30歳に乗って、これはヤバイぞと思いました。安定した仕事をと考えていたところで日本郵便の求人広告を発見し、応募して採用された次第です」

仕事は軽貨物車でのゆうパックの配達、ときにはセールス的な業務も追加される。

「仕事そのものはどうってことありません、楽ではないが辛くもない。人様から感謝される仕事だと思うし」

ところが労働条件となると「もうちょっと何とかなりませんか」と思う。

「賃金は時給制なんです。当然だけど正社員の人ならある各種手当もありません。わたしの場合だと時給は１２００円です。1日8時間労働で月20日稼働したとしても月収は約19万円。交通費は出ますけど」

年収にすると約２３０万円ということで、世間一般の賃金相場からすると低い部類だが郵便局で働く非正規社員のなかでは高い方になる。

「郵便物の配達だと時給は１０２０円。月収16万円、年収１９０万円台ということです」

労働組合のアンケート調査でも非正規社員の年収分布は２００万円以下が約65％だったというから長田さんの年収約２３０万円というのはかなり高い。それでも同年齢の正社員と比べると半分程度の金額だ。

「同じ仕事を同じ時間やっているのにこれだけ違うのはおかしい。同一労働なら同一賃金が基本だと思うのですがね」

賃金格差に加えて御中元、御歳暮のシーズンになるとゆうパックで扱っているギフト商品の、年末は年賀ハガキの営業ノルマが課されるのも頭痛の種だ。

「**ギフト品は5万円分、年賀ハガキは４０００枚。これだけ捌いてこいというわけです**。配達でお邪魔したお宅でセールスをかけてみるけどなかなか売れませんね。特に年賀ハガキは売れない。若い人はパソコンや携帯のメールで新年の挨拶をするから尚更です」

年賀状は11月初めに売り出されるのでクリスマス頃まで個人営業に励むが売れるのは500枚がいいところ。売れ残ったのはどうするかというと、長田さんが買い取って、それを金券ショップで換金する。

「正価は52円だけど売却処分となると40～42円にしかなりません。少ない年で2万5000円ほど、多い年は3万円近くの損を被っています。笑っちゃうのが、どこの金券ショップに行っても700枚、800枚と大量の年賀ハガキを売っている人と遭遇することがあるんです。多分、わたしと同じ立場の人なんだろう」

ギフト商品のノルマも同様でセールスできるのは半分もない。売れない金額分はこれも長田さんが買い取っている。夏はソーメン、フルーツゼリー、鰻の蒲焼のパック。冬はクッキーやチョコレートの詰合せ、ワイン、ハムなどの箱が部屋に山積みになる。

「お盆と正月には帰省するので半分くらいはお土産として持っていきます、甥や姪は喜んでるけどね。残ったのは自分で消費するしかない」

今、長田さんの部屋の台所にあるのは神戸ビーフ使用の高級レトルトカレー。一食分で600円もするやつだ。

「カレーをかけるのは3玉99円で買ったうどん。鍋で湯がいたうどんにかけ、カレーうどんにして食べているけどそれほど美味くはないいな」

年賀状の損金と自分で購入するギフト商品の合計が年間で約8万円。さほど多くない収入からこの金額を捻出するのは楽ではない。特に毎年11月、12月は手取りの収入が12万円台に落ち込み年を越すのが一苦労だ。

「本音を言えば断りたいけどアルバイト社員の身ではね」

年齢が36歳では次の仕事を探すのは困難、文句を言って立場を危うくしたくない。

「正社員になるまでの辛抱だと思って耐えなきゃね、正社員になれれば収入も上がるから多少の協力購入は可能だろうし」

理不尽だと思っても我慢するしかないが足元を見られていると思う。

あの犯人の気持ちもわかる

豊川厚志（55歳）

NO.25

出身／長野県松本市　最終学歴／大学卒
現在の居住地／千葉県柏市　居住形態／賃貸マンション
職業／食品製造会社契約社員　収入／年収約２８０万円
家庭状況／妻、子ども２人

「冷凍食品の工場で農薬を入れた人はどうなったのかな？　もう裁判は終わって刑務所に入ってるんですかね。会社から損害賠償を請求されたら払えるんだろうか。まっ、赤の他人だからどうでもいいけど」

食品スーパーやコンビニに置いてあるお菓子類を製造販売している食品会社の工場で契約社員として働いているのは豊川さん。農薬混入事件が報道されていた頃、会社の人たちは「作業員の仕業に決まっている」と口にしていたそうだ。豊川さんもそう思っていた。

「逮捕された契約社員の男が会社の人に『こんな給料じゃ生活していけない』と食ってか

かっていたという新聞報道を読んだときには、そりゃそうだと思いましたよ。**あんなことをやってはいけないけど会社を困らせてやろうと思ったという気持ちはわからなくない。今のわたしの状況と彼はほとんど同じだろうから**」

豊川さんが82年に大学を卒業して最初に就職したのは建設会社。大手ではなかったが下請け上位の会社でゼネコン各社の協力会社としてビル、マンション、公共工事に参加していたという。

「ところが金融危機やら公共事業の削減やらで仕事が激減しましてね、リストラがあったわけです。下請けでも技術者は安泰だったけど、わたしのような事務管理部門は必要最低限の数でいい、足りないときだけ派遣を使う。こういうわけです」

若干の割増し退職金をもらって退職したのが01年、42歳のときだった。

「このときは同じ下請けで内装工事専門の建設会社が拾ってくれましてね。給料などは大幅に下がったけどひと安心だった」

移籍した会社では営業や工事管理に従事していたがここもリーマンショックの約1年後に倒産してしまい2度目の失業となった。

「もう不景気風が吹きまくっていたでしょ。失業率が5％を超えていた時期に50歳では正社員で3度目の就職先を得るのは不可能でした」

ハローワークにあったのは物流、警備、小売り、飲食、物販などの期間契約か製造業派遣。さもなくば介護関係。元の仕事に近いものもあるにはあったが応募しても1週間で履歴書、職務経歴書を送り返してきた。

「この仕事は新聞の求人広告で見つけたものです。失業手当だって期限が区切られているわけで、蓄えなんてそんなにないから職種がどうの、労働条件がどうのなんて言っていられないもの」

仕事は食品工場での製造業務。シュークリーム、エクレア、ロールケーキ、プリンなどを作っている。労働条件はというと時給制で豊川さんの場合は4年勤めて1000円ちょうど。住宅手当や家族手当などは一切なし。

「時給は960円から1280円となっていましたね。**毎年10円上がっているけど最高額になるには32年もかかる**。そんなに長く勤める人はいないだろうけど」

雇用契約書を結んだときに業務の転換はなし、正社員への昇格はなし、退職金はなしということも明記されていた。安く使い倒そうという意図が見え見えだった。

「仕事も重労働ですね。業務用だから小麦粉にしろ砂糖にしろ一袋30キロもあるんだ、毎日70～80袋担いで蒸気釜や攪拌機に投入してごらんなさいよ。足腰が立たない」

作っているものが生菓子だから真冬でも工場の温度は低めに設定されている。10月から4

月頃までは身体の芯まで冷えて堪らない。

「月収は平均して23万円ぐらいかな。手取りになると18万円と少し」

1日8時間、残業1時間半、交代で土日出勤を3日、皆勤手当が2000円。これで額面総額が約23万円になるという。ただし社会保険料が上がっているので手取りは減り続けている。

「ボーナス時期は慰労金という名目で別途支給されるけど去年の冬は4万円でしたね」

豊川さんもそうだったが入社後初めての慰労金は5000円。去年の夏から働いている同僚がロッカー室で明細書を見て「中学生の小遣いだな」と吐き捨てた光景が忘れられない。だから農薬混入事件の犯人が他人事ではない。

処遇の低い職場だから人の出入りが激しい。豊川さんは4年勤めているが先にいた人、後から入ってきた人、合わせると30人以上が入れ替わっている。

「正社員でも辞めていく人がいますよ。毎年4月に高校新卒の子が何人か入るけど1、2年で辞める子が多い。30代、40代の人でも体調を悪くして退職していく人もいるからね」

それでも会社は困った素振りは見せない。仕事は単純労務の繰り返しと機械の番人。技術の伝承など必要ない。辞めたら次を補充すればいいだけだ。

「フリーペーパーの求人情報誌がいくつかあるでしょ。どれにも毎月、募集広告を出しているという話です」

契約社員で来た20代、30代の若手には正社員で再就職できるまでのつなぎで働いている人も多いが豊川さんの年齢では嫌でも続けるしかない。

「50代半ばの人間をどこが採用してくれますか？　納得できないことが多くても我慢するしかない。**自分は使い捨ての道具**。そういう覚悟がないとこんな仕事はできないよ」

工場で働いてわかったのは安物は良くないということ。工場で作っている品物は乳化剤、膨張剤、乾燥卵黄、着色料、植物油脂、防腐剤のテンコ盛り。こんなものを食べていたら身体を悪くするんじゃないかと思う。「高価格のものにはそれなりの、低価格のものにもそれなりの理由がある」と納得した。

NO.26

年末年始も仕事で暮れる

手塚憲彦（52歳）

出身／東京都足立区　最終学歴／高等専門学校卒
現在の居住地／埼玉県新座市　居住形態／公営団地
職業／製造業派遣　収入／年収約２３０万円
家庭状況／妻、子ども１人

「正月といってもねえ……。特に何もなかったたな。普通に働いていましたよ」

製造業派遣で大手機械メーカーの工場で働いているという手塚さん。この年末年始は短期限定のアルバイトで働いていた。大手スーパーでパートをしている奥さんも同じ。

手塚さんは工業高等専門学校を卒業して半導体メーカーに就職、約29年間働いていたが工場の閉鎖、事業の縮小、会社の分割身売りなどリストラの嵐に見舞われ3年前に退職。以後は正規雇用に就けず派遣で働いている。

「今は産業機械のメーカーにおりまして、各種モーターの最終調整や検査を担当しています」

仕事はガチガチの肉体労働ではない。だから時給は低く抑えられている。同じ派遣会社が扱っているプレス加工、溶接、塗装などは時給１２００円だが手塚さんがやっているような調整、測定、検査業務は時給１０４０円だ。

収入はというと１日８時間労働で月20日稼働、残業が20時間あっても月収約19万円。年収は２３０万円が精一杯だということだ。

「**ただでさえ収入が少ないのだから休みはありがた迷惑なんですよ**。暮れは26日の金曜日で仕事納め、明けて４日まで年末年始の休業だから９連休。これには困りました」

12月は祝日も１日あったからフル稼働しても出勤日数は19日。そのうえ月の半ばに扁桃腺を腫らしてしまい３日欠勤したものだから残業分を加えると約２万９０００円の減収ということになる。

「ざっと計算すると給料は15万円と少し。社会保険料などを引かれると手取りは12万円ぐらいでしょ、のんびり正月休みしている場合じゃないよ」

何とか収入の補填ができないかと思って求人情報誌を見たら12月28日から１月４日までの８日間だけという短期アルバイトの募集があったのだ。

「シティホテルのルームメイクスタッフというやつでしてね。客室のお掃除とベッドメイクをするわけです。勤務時間は10時から16時までで実働５時間30分。時給は１１００円で交通費が一勤務につき400円支給という条件でした」

日当にすると6050円、8日間働いたから4万4800円の臨時収入になった。

「**驚いたのはこういう仕事も外注に出ているんですよね。働いていたのは新宿の高層ホテルなんですが雇い主は建物管理会社でしたよ。**レストランで料理の盛りつけや食器洗いをしているのも別の派遣会社から年末年始だけ回されてきた人だということでした。何でも派遣や請け負いで賄っちゃうんだね」

手塚さんが休んだのは12月27日の土曜日だけだったが年末年始に働いていたのは奥さんも同じだ。

「妻は大手スーパーでずっと半日パートをしていましてね、最近はどこも元旦から普通に営業しているでしょ。**妻もローテーションで大晦日、元旦、2日が出勤だったんですよ。**午前勤務だったからいつもと変わらず9時半から14時まで勤務していました」

付け加えると大学2年生の息子もファミリーレストランでウェイターのアルバイトをやっていたので正月気分はまったくなかった。

「元旦でも寝坊するわけじゃなく、いつもと同じ時間に起きてトーストをかじってアルバイト先に出勤しました。その後に妻が出て、倅も昼前には家を出たということです。全員揃ったのは夕飯のときでしたよ」

ここで初めてお雑煮と出来合いのおせち料理をつまんだが正月らしい雰囲気はせいぜい30分ほどで終わり。皆、翌日も仕事があるのだから早めに床に入ったそうだ。
「やはり身体には堪えますよね。立ち仕事だから１日終わると腰と膝がパンパンに張ってね。寝る前に消炎鎮痛剤の湿布を貼っていました。５時間半だけの仕事ですがまったく初めてやることだから要領を得ないこともあったし、短期間だけ集められた人たちだから打ち解けて話すこともない。控室は寒々とした雰囲気だったな」

本音を言えばこんなことやりたくなかったが懐事情が許さない。日当６０５０円だが１日我慢すれば普段買っている５キロ入りのお米が３袋買える。３日働いたら虫歯の治療で払った医療費が回収できる。皆勤すれば家賃の７割ぐらいが賄える……。こんなことを考えてしのいでいた。

「３日の夜のニュースで年末年始を海外で過ごした人たちの帰国ラッシュの様子が流れていたけど、わたしにとっては別世界の人たち。関係ないという感想しかなかったな。来年は我が家も奮発して国内でいいから旅行しようかと軽口を叩いたら、妻に『何、馬鹿なこと言ってるのよ。うちにそんな余裕あるわけないでしょ』とマジギレされましたよ。辛いね」

管理会社は学生や若いフリーターより年配の人を好むらしく手塚さんは最終日にマネー

ジャーと呼ばれている人から「ゴールデンウィークの頃も来てくれると助かるんですが」と言われたそうだ。4月上旬頃に案内書を送るという。

「4月、5月までにどこかで正社員の仕事を得るのは厳しそうだから、多分またやることになるんじゃないの。空からお金が降ってくるわけないからね」

1月5日からは工場の仕事に戻ったが作業チームの正社員のリーダーから「手塚さんはお正月はどうしていたんですか?」と聞かれたという。

「まさか、ここの給料では暮らしていけないから短期アルバイトをしていましたと言えないでしょ。体調を崩してしまい家でおとなしくしていましたと言ってお茶を濁しました」

手塚さんにも多少のプライドと意地はある。しかしカレンダーを見ると1月、2月の出勤日数は共に19日。残業が30時間ぐらいなければ手取り15万円に届かない。嫌になる。

図書館勤務も楽じゃない

高浦幹子（33歳）

NO.27

出身／千葉県習志野市　最終学歴／大学卒
現在の居住地／東京都台東区　居住形態／賃貸アパート
職業／図書館勤務　収入／本業年収約２００万円、副業年収約70万円
家庭状況／独身

「事情をご存じない方は図書館で働いていると言うと『公務員なら安定しているわね』と仰います。そうじゃないんですけどね」

高浦さんの仕事は東京都区部にある公立図書館での貸出し、返却、資料整理などの業務と各種催しの企画や実施に関する諸雑務。公立の図書館で働いているからほとんどの人はその自治体の地方公務員と思うが実は民間委託された管理運営会社の社員。しかも契約社員という身分だ。

高浦さんの前職は中堅不動産会社の一般事務職。04年に大学を卒業して正社員として入社、

5年10ヶ月勤続したがリーマンショックのとばっちりで10年1月に会社が倒産、しばらくの間は事務系派遣で生計を立てていたが11年4月に現在の会社に再就職。都内南部にある図書館へ配属されたという経緯だ。

「今の仕事は嫌いではありません。子どもの頃から本は好きだったし、少なくとも肉体労働的な仕事をするよりはいい。職場の雰囲気も落ち着いていて多少は文化的だから」

ところが処遇となると大いに不満がある。1年ごとの雇用契約による仕事だから雇用が細切れでいつ雇い止めになるか不安がある。

「**今の施設には総勢11名がスタッフとして配置されているのですが正社員は職長の男性だけ**。あとは定時のパートタイマーさんが5人、フルタイムの社員が5人という構成です。わたしを含めたフルタイム社員5人（男性1名、女性4名）は全員が契約社員です」

館長は自治体の正職員が務めているが隣接する2つの館長も兼任しているので出勤してくるのは半月あたり3日ぐらい。ほとんどの業務を委託会社のスタッフが賄っている。その割りには給料が低い、低過ぎると高浦さんは思っている。

「わたしの労働条件は日給7680円です。8時間勤務なので時給にすると960円。交通費は1日400円が上限、手当の類は一切ありません」

4週8休なので1ヶ月の出勤日数は21~22日、月収にすると16万円台。6月と12月には寸志程度の慰労金が支給されるが年収は200万円がいいところだ。退職金はあるということだが勤続5年でも10万円程度らしい。

「手取りの月収になると12万円台半ばですからこれだけで生活していくのは困難です。なのでセカンドジョブが必要ですね」

　高浦さんのセカンドジョブは総合スーパーの販売パート。自宅近くの23時まで営業している大型店の紳士服売場で接客などを担当している。時給1100円で勤務時間は20時30分から23時30分まで。週に4日出勤して月収は約6万円。年間だと72万円ほどになる。

「仕事を掛け持ちしても年収は300万円に届かない。**1ヶ月に使える可処分所得が20万円にならないのだからワーキングプアなんでしょうね**」

　生活全般は地味にひっそりがモットーだ。食事は朝も夜も自炊、お昼はお弁当を持って出勤する。よそ行き用を含めて服はシーズン終わりの処分品、捨て値で売っている売れ残りを買い置きし翌年のシーズンに着用するというパターン。

　自宅のテレビは14インチのブラウン管テレビ。アナログ放送はとっくに終了しているが室内用の地デジアンテナとチューナーを買い、デジタル放送をアナログに変換して視聴している。

「節約術は随分と身に付きましたね。いいんだか悪いんだか」

図書館の仕事は1年ごとの契約だから足元を見られていると感じることもある。

「図書館って土日、祝日も開館しているでしょ。ローテーションで出勤になっている週末に有給休暇を申請すると、とても嫌な顔をされます」

今の責任者はそうでもないが前任の人は「土日の休暇は親族の冠婚葬祭しか認めない」「休むと次の契約に響くぞ」などと脅しに近い嫌味を言ったそうだ。

「お子さんが小学校、中学校に通っているママさん社員だと授業参観や文化祭にも行ってあげられないとこぼしていますよ。**わたしも友人の結婚式に出席できず二次会から参加したということがありました。ちょっとおかしいと思います**」

非正規なんだから文句を言うな。代わりはいくらでもいる、お前らには権利なんてないんだ。こんな雑な扱いをされていると思うことがあるのだ。

「この仕事に就いて4年目に入りましたが正社員時代は護られていたなあと実感します」

新卒で入った不動産会社は非上場の中堅どころだったが5年目には月給の総額は26万円になっていたし、賞与は年間で70万円出ていて年収は400万円台に乗っていた。

「当時は勤労者の平均的な年収だったから生活が苦しいと感じたことはありません。今は仕事を2つこなしても正社員時代より100万円以上も少ない収入ですから余裕なんてありません」

会社には労働組合もあり、そこそこ頑張っていて勤労者の権利は尊重されていた。有給休暇や生理休暇を申請して嫌味を言われたようなこともない。

「正社員であれば、このぐらいの社歴ならこういう仕事を担当する。勤続年数が10年ならこれくらいの年収、20年だったらおおよそこれくらいの金額というように先も見通せる。それによって生活設計や将来設計を描けるけど非正規で働いていると先が見えません」

今の働き方では1年先どころか半年後のことも見通せない。既に丸3年働いているのに日給は80円しか上がっていない、この先も昇給は見込み薄。雇用契約もあってないようなものだから体調を崩して2週間も欠勤したら雇い止めの危険がある。

「新卒で入った会社が倒産なんてしなかったら今頃はどんな生活をしていたかと考えますね」

つくづく正社員時代は良かったと思う。

◎ホームレスインタビュー

ワーキングプアの終着点

本書では、苦しい生活を続けながらも、路上生活に転落するところまではいっていない方々の声を収録してきた。だが、綱渡りのような生活では、路上生活の入口は思った以上に近いところにある。病気で仕事ができなくなった、会社が倒産した、入金のあてが外れたなどのアクシデントがホームレス生活への片道切符になっていることもあるのだ。

◆村田和典（39歳）さんの場合

経歴　出身は北海道で94年に高校を卒業し道内の木材加工会社に就職、工場勤務となる。03年師走に会社が倒産、以後は道内で非正規雇用の職場を転々。06年に上京し食品製造会社の期間契約社員の職を得るが約2年で雇い止めに。その後も職を転々とする暮らしから脱することができず住居の維持が困難になる。以後は簡易旅館やネットカフェが家替わりという生活に転落

現住所　多摩川を挟んで蒲田、川崎周辺
生活状況　日雇い仕事と雑誌拾いなど

心境？　何もない。悲しいとか困ったとか辛いとかの前にどうやって生き延びていくかに腐心している。死にたくないなら何かをするしかない。そういうことだよ。

ここ（JR多摩川架橋下）に来る前のこと？　いろいろだよ。いろいろあってこういう生活になった、好きでこんな生活しているわけじゃないんだ。

生まれは北海道なのよ、高校を卒業したあとは木材加工会社に就職しました。原木から建築用、梱包用、家具用などの資材を作っていた会社で、地元ではそこそこ名前の知れた会社でした。高卒組だから現場作業員でしたが仕事は面白かったよ。入社して8年目に主任という肩書が付いて、初めて名刺を作ったんですが嬉しかった。どうにか一人前と認められたわけだから。頑張った甲斐があったと思いましたよ。

ところが2年後には会社が潰れました。03年12月でしたか……。倒産の原因など詳しいことはわからなかった。自分としては家族的で居心地が良かったけど地方の中小企業は足腰が弱かったんだね。これがケチの付き始めだったんだろう。

会社が潰れた後は札幌に出て何ヶ所か勤めを転々としました。運送会社、製紙工場、飲食関係などを。だけどすべてアルバイトか臨時、さもなくば期間契約。どこも正社員では働けなかった。考えたら高校卒業後正社員になれたのは倒産した木材加工会社だけなんだよな。内地に出てきたのは06年です。職安の斡旋で食品会社の契約社員になり、工場で冷凍食品やレトルト食品の製造業務を担当していました。

『正社員登用あり』と謳っていたけどあれは嘘だよ。大抵は長い人でも3年、短いと1年半ぐらいでお役御免にされる。わたしも2年6ヶ月で雇用契約は打切り、更新はありませんという紙切れ1枚でスクラップされた。

それからは警備会社の契約社員に転じて駅とか空港の警備員をやっていました。とりあえず社会保険には加入できる、一契約で1年は働ける。でも正社員にはなれないし辞めるときでも退職金はありません。雇う方にすれば使い勝手がいい。都合のいい人なんだな。案の定、この警備会社も丸2年で雇い止めでした。

警備会社を雇い止めになったときが35歳、もうドツボでしたね。職安通いはしたけど自分にできそうな仕事がないんだ。まったく求人がないわけじゃない、でもハードルが高いんです。まず職歴がないに等しかった。高卒後の出だしが製造業の作業職でしょ。その後に就いた仕事もすべて現場要員だから専門的な知識とか職能がない。

職安の人に「で、あなたは何ができるんですか？　特技や資格はありますか？」とやられると答えようがないんだ。

35歳で単身というのも社会的信用がないと見られることがあったし。だけど仕事を転々とせざるを得ない状況が何年もあったわけだから結婚なんて考えられないじゃない。ところが社会一般の常識では、それは特異なことに見られるみたいでしたよ。

求人情報誌などで募集しているのはアルバイトが主で年齢も28歳ぐらいが限度でしょ、そんな中で唯一、年齢45歳迄・経験不問とあったのが工場派遣です。

派遣会社の面接は簡単に通りました、身元保証人を求められたりもしなかった。アパートから通えるところに回してもらったから助かりましたよ。派遣されたのは建築資材を製造していた会社の工場です。仕事はアルミサッシだとか床用タイルなどを加工・成型するものでした。仕事そのものは特に辛いものではなかった。正社員の人たちから意地悪されたとか差別的な扱いをされたということはない。皆さん親切にしてくれたよ。

手取りの収入だと19万円程度だったけど生活は賄えました。ほとんど毎日自炊していたし、わたしは酒もタバコも賭け事もやらないんだ。仕事が休みの日はラジオを聞いていたり古本屋で買った推理小説を読むぐらいで遊びに出ることはごくたまにだったからこの程度の収入でも少しばかりの蓄えもできた。

派遣をクビになったのは13年3月でした。その2ヶ月半ぐらい前から生産量を調整するからという理由でシフトから外される日が何日もあったんです。出勤するのは月10～12日ぐらいだったので内心では「もうこの仕事もおしまいだろうな」という予感はありました。

何でもいいから次の仕事をと探し回ったけど駄目でしたね。35歳のときだって駄目だったんだ、38歳になっていたから尚更です。

それでも何とかパートやアルバイトをして土俵際で踏み止まっていたんですがウイルス性胃腸炎になってしまいましてね。下痢と嘔吐が3日も続きました。診療所で点滴を打ってもらったけど食事が摂れないからフラフラしてパート仕事に行くどころじゃありません。

そのときは午前中が給食弁当屋、午後がビル清掃を掛け持ちしていたんですが治って出勤したら両方から「いきなり1週間も休まれちゃ困るんだよ」「別の人を採用したからもう来なくていい」と罵倒されクビ。一気に収入が途絶えてしまいました。

おまけに住んでいたアパートの契約更新と重なりましてね、更新料と2年間の火災保険料で5万8000円必要だと言われました。
もう費用を工面できる算段が立たなかった。不動産会社には「引越します」と言って出てきたんだよ。家具なんてろくにないから必要最低限のものだけスポーツバッグに詰め込んで。宿無しになるのは簡単なんだ。アパートを放棄してしばらくはナイトパック980円のネットカフェが家替わりだったんですが日々紹介も細切れでお金が続かなくなった。赤羽・上野・蒲田と移動してここに来たわけ。

今の生活？　仕事はもうないよ……。39歳、住所不定、身分を証明するものなし。これで働ける場所なんてありません。

モグリでやっているような人材会社の日々紹介が月5、6日だけ。たまに手配師みたいなのが来て大黒埠頭で貨物船の荷下ろしの日雇い、こんなものよ。あとは雑誌拾いして小銭稼ぎしている。現金収入があった日は寿町のベッドハウスやシャワー付きのネットカフェに行くけど、お金がないときはここにいてボケーっとしているしかない。1日が気の遠くなるほど長くてな、どんどん馬鹿になっていきそうだ。

◆垣沼寛貴（44歳）さんの場合

経歴　工業系大学の情報工学科を卒業してソフトウェア開発会社に就職。引き抜かれる形で同業他社に転職しプログラマーからシステムエンジニアに昇格したが、08年前半にリストラされ退職する破目に。以後は派遣、短期間アルバイト、日々紹介の日払い仕事でしのいでいたが低収入のため家賃を滞納し夜逃げ

現住所　山谷地区の簡易旅館と秋葉原界隈のマンガ喫茶を転々

生活状況　人材会社経由で軽作業の日払い仕事をしており10万円前後の月収はある

今のところは野宿したり駅寝するところまではいっていない。とりあえずベッドハウスやマンガ喫茶を利用できるだけの収入は確保しているから。だけどそこはホームでもハウスでもないことはわかっています。

社会人の出だしは93年です。大学を卒業して業界中堅上位のソフトウェア開発会社に就職しました。仕事はプログラマーです。主に事業会社の人事・労務管理や給与計算に関するソフトの開発などを多くやりました。

転機が訪れたのは4年目の暮れ頃でした。その年の半ばに同業他社に転職していた先輩か

ら「うちに来る気はないか?」と誘われたんです。大手電機メーカー傘下のシステム開発会社で待遇的にも経験を評価するというのでグラっときました。元々、自分には上昇志向もあったので悩むことなく承諾し98年2月に転職したわけです。

転職した会社では技術専任職という扱いでした。鉄道、高速道路管理、ガス供給などのインフラに関する対処や金融関係の決裁システムの点検、補正。こんな仕事を次々と担当したものです。残業代や休日出勤はきっちり払ってくれたので月収だと40～45万円。賞与込みの年収で600万円やや手前という水準が約3年続きました。

結婚したのもこの頃でした。今はこんな生活なので当然離婚しているわけですが……。当時の生活ぶりですか?　妻も働いていたので世帯収入は1000万円を超えていましたね。住まいは賃貸でしたが少しいいマンションに入って、欲しいものは買って。わたしは仲間とわいわいと過ごすのが好きで週末は同僚、後輩たちと夜の街ではしゃいでいた。

あの頃は楽しかったな。だけど徐々に仕事の総量が減っていきました。

セキュリティーの観点から機密性の高いシステム開発は外注に出すのではなく内製化する企業が増えたことと、さほど複雑でないシステムやプログラムは安価で作れる中国やインドの開発会社に丸投げするところが増えたからです。

こうなると会社は社員を守るより企業を存続させることを優先するわけです。何度かのリストラというか人員削減がありましたね。真っ先に切られたのは業務委託的な契約社員の人たち。次に40代半ば以上の人たち。

わたしは2回までは合理化の網に引っかからなかったけど3回目は駄目でしたね。転職したときに結んだ雇用契約が技術専任職だったから職種の転換はなしということ。「もう君には用がないのだから辞めてね」ということです。08年3月に辞めました。

勤めていた期間は10年と3ヶ月。勤続年数分の退職金に6ヶ月分の上乗せがあったけどこれで失業してしまったわけです。

だけど自分では技術で勝負という思いがありました。通算して15年のキャリアがあるし頭もまだ柔らかいと思っていたから、再就職もそれほど悲観していなかった。

実際のところ就職活動1ヶ月で内々定を出してくれた会社があった。

何度か面接して条件面の提示もあり、ほとんど決まりというところまでいったのに最後の健康診断でNGだったんですよね。先方の人事から教えられたのが「あなた、糖尿病を発症していますよ」ということ。

前の会社での健康診断でも血糖値がやや高い、食生活を見直して適度な運動をするようにという指示は受けていたんです。その時は甘く見ていた。これがいけなかった。

長期間の入院、加療が必要というわけではなく、経口の血糖降下剤とインシュリンの分泌を促進する薬を服用すればいいということでしたが病気は病気。既に在職している社員ならともかく、新規採用するのに慢性の成人病を抱えていては身体・健康状態の条項に引っかかる。白紙にされたのは仕方ないところもある。

他にも数社の採用選考に挑んだのですが、やはり健康状態が問題視され駄目でした。これで天職だと思っていたコンピューターの仕事から離れざるをえなかった。

他の業種の募集を見つけて何社か応募してみたけど、こちらは書類選考で全滅でした。ちょうどリーマンショックで失業率が上がっていった頃だったから異業種出身、未経験、既往症ありでは門前払いだったよ。

それでも生活費が必要なわけだから何か仕事をしなくちゃならない。勤め口がないなら自分で何か起業しようと変な色気が湧いてきて健康食品のフランチャイズに手を出しちゃったんです。

シジミエキス、タマネギエキス、柿の葉茶、生姜茶などの販売代理店を始めたんですがまったく駄目で2年ももたずに廃業でしたね。加盟金、仕入れ代、店舗費用などで350万円以上も失った。
蓄えを取り崩すだけでなく、子どもの学資保険まで解約したりカードローンで借金を作ってしまったものだから妻がブチ切れてね。小学4年生の娘を連れて実家に帰ってしまった。あとは弁護士と向こうのお兄さんが来て離婚ということになったわけ。

妻はインテリアデザイナーで収入も高いから慰謝料も養育費もいらない。だから別れてちょうだいということでした。

わたしの方はもう派遣とか時給いくらの非正規的な仕事しか得られませんでしたね。中年フリーターですよ。通販会社の商品仕分け、とんかつ屋の皿洗い、パチンコ屋の店員、コンビニの深夜勤。こんなところを転々としていました。どこも時給は900円~1000円、月収は良くても16万円が精一杯でしたね。
貯金なんていくらもなかったから生活が瓦解するのに時間はかからなかった。アパートの家賃を4ヶ月も滞納してしまいまして。さんざん催促されていたのですが、ある日、帰宅すると玄関の鍵が交換されていた。

締め出されたとわかって糸が切れました。家財道具なんてほとんどなかったし衣服や家電品も大したものはない。勝手に処分されてもかまわない。「もう、どうでもいい」という気持ちになってしまった。

とりあえず手持ちのお金約2万円とスーパーのポイントカードで貯めた8000円を現金化してここ（山谷）に来たのが去年（13年）の8月でした。なぜ山谷かというと、テレビのドキュメンタリー番組で紹介されていたのを記憶していたからです。

今は住所を失う前に登録していた日々紹介の仕事をやっています。工事現場の廃材処理とか古紙回収、リサイクル工場の仕分け、チラシ配りなどを。1日6500円〜7000円の日当で月15日前後働けるので何とか10万円ぐらいの稼ぎはある。今のところは道端で夜明かししたりアルミ缶拾いはしていない。まっ、何とか最後の一線は踏みとどまっているというところかな。

ここに来たときは「もう終わったな」「あとは野となれ山となれ」みたいな投げやりな感じだったけど、やっぱり馴染みたくはないですよね。物騒なところだから怖いということもあるし、心の均衡を失ったような人もいる。本当に暗い世界ですから。

自分の身体のことも心配です。もう1年以上検査していないし薬も飲んでいないから糖尿の状態がどうなっているか。合併症で失明したり腎臓が壊れることもあるというから。そうなったら野垂れ死にするしかないもの……。人生50年の時代なら仕方ないけど、やっぱりまだ死にたくはない。

あとは娘のことですよね。離婚したあとも月に一度くらいは会っていろいろ話したり授業参観や運動会などには参加していたけど、こういう暮らしになってからは音信不通状態です。

もう中学2年になっているんだな、会いたいけどこんな状態ではね。精神的ショックを与えてしまうでしょ。

まずは住所を復活させたい。定職を得るにも公的な行政サービスを受けるのにも住所は必須だ。仕事さえあれば何でもやってみる。1日500円でも貯めて鍵のある部屋で暮らせるようにしたいですね。好き好んでハウスレスになったわけじゃないから。

ワーキングプアの終着点・完

【第５章】明日の見えない若者たち

NO.28

収入格差は生き方格差

柳原功二（28歳）

出身／埼玉県所沢市　最終学歴／大学卒
現在の居住地／東京都北区　居住形態／賃貸アパート
職業／ＯＡ機器販売代理店・営業職　収入／年収約３３０万円
家庭状況／独身

「仕事が楽しいと言える人はどんな暮らしをしているんでしょう？　**わたしは社会人6年目になるけど仕事が楽しいとかやり甲斐を感じたことはほとんどありませんよ。**ただただ疲れる……。それだけですけど」

蒼白く生気のない顔で語る柳原さんは大手電機メーカー傘下のOA機器販売代理店で営業を担当しているという。

「担当業務はパソコン、プリンター、コピー機などの電子機器やサプライ品のルートセールスと簡単なメンテナンス。受け持っている顧客は80社を超えています」

営業所に出勤するのは8時半前後、朝礼のあとは営業車で事業会社、役所、学校、病院などを訪問している。単に機器の納入や新規契約を取ってくるだけではなく操作の仕方やソフトの使い方をレクチャーするのも仕事だ。

「**大袈裟ではなく1日の大半を車の中で過ごしています**。お昼ごはんを食べるのも休憩するのも車の中です。そのうちエコノミー症候群になっちゃうんじゃないかと心配だ」

業務過多で疲労困憊だが一番の不満は残業代がきっちり支払われないこと。柳原さんの会社は固定残業代制をとっているのでいくら仕事量が嵩んでも賃金に反映されないのだ。

「週のうち2、3日は帰ったら日付が変わっていますよ。１ヶ月の残業時間は80時間を超えている月がほとんどです」

所定労働時間は１ヶ月１５５時間だが残業が80時間超、これでも月給は額面23万円だ。総労働時間を２４０時間と仮定すると時間単価は９６０円弱。東京ではアルバイトの時給と同程度。正直「やってられない！」と思う。

仕事、仕事に追われているので日々の生活が面白いとか楽しいとかは感じられない。顧客回りでは要望、苦情を聞き、面白くもないジョークに愛想笑いを振りまく。毎日の食事は弁当か低価格の飲食店、もう食べ飽きた。遅い時間にアパートへ帰ったらシャワーを浴び、缶ビールを１本飲んでテレビの中の人と会話して寝るだけ。

「週末も疲れているから土曜日は起床するのが正午近く。近所の喫茶店のモーニングサービスが朝食昼食兼用です。戻って掃除をし、1週間分の洗濯をし終えたらもう夕方だ。日曜日でも外出するのは稀で誰かが訪ねてくることもありません。大抵はテレビをダラダラ眺めているだけです。自分でもつまらないと思う」

ここ1、2年は交際の範囲も狭まっているが、それも収入格差に起因する。

「学生時代の友人と会っても話が噛み合わないんだよね。ボーナスで車を買ったとか、カナダへスキー旅行に行く、投資信託を始めた……。こんな話を聞いていると自分の貧乏さに嫌気がさす」

社会人1年生の頃は皆の収入はほぼ横並びだったが3年目から差が開いてきた。信用金庫に就職した人の場合、初任給や年収は大差なかったが今では柳原さんより100万円以上も年収が高いそうだ。証券会社に入った友人も羽振りがいいという。

「**最近は飲みにいっても給料やボーナスの話は逸らしている**。親しい友人でも景気のいい話は聞きたくありませんから」

経済的な余裕がないから物欲も衰えてくる。仕事で営業車両は運転するがマイカーは持っていない。旅行に行ったのは4年前の秋が最後でそれ以降は飛行機にも新幹線にも乗っていない。

どこでどう調べたのかマンション販売会社が分譲マンションの案内を送ってきたり、ハウスメーカーがユニット住宅のカタログを送ってくるが興味も湧かない。

年齢が28歳だからそろそろ結婚も視野に入るがそれもまったく予定なし。高校、大学時代の旧友から結婚式の招待状が送られてくると複雑な心境になる。

「仕事が終わって家に帰ったら奥さんが料理を作って待っているなんて夢みたいな話だ」

学生時代は女友だちがいたが社会人になってからは疎遠になり、いつしか年賀状のやり取りも途絶えた。現在も特定の女性と交際していない。

「別に草食系というわけじゃないんだけどね」

まず職場には出会いがない。若い独身の女子社員は全社的に見ても数えるほど。自由に過ごせる時間も少ないから新しい出会いも期待できない。

「営業であちこちの事業所へ出向くけど顔を合わせるのはオジサン、オバサンばかり。年齢の近い女性と会話することも稀です。最近の女性は専業主婦願望が強いというでしょ。自分のような低収入の男と結婚してくれる奇特な人はいないよ」

結婚は他人事というか、別世界の話だと思う。

「正直なところ転職して別の人生を歩んでみたいという願望はあります。今の仕事にやり甲斐とか発展性は感じられないし面白味もありませんから」

先輩や上司が辛そうな顔だったり不機嫌だったりしているのも将来を不安にさせる。

「在籍年数が上がっていくと担当する顧客数もノルマも大きくなっていく。それが達成できずに朝礼で叱責されたり嫌味を言われている姿を見ていると『ああ、嫌だな』って暗くなる」

日曜日には図書館へ行って新聞各紙の求人広告をチェックしているし、仕事の途中にハローワークの偵察も始めた。人材紹介会社への登録もしておこうと思う。

自分がこれをやって良かったと実感できる仕事がしたいし、自分の成果には正当な評価をしてもらいたい。それに見合う報酬、労働の対価を要求するのは正当なことだと思う。

重すぎる奨学金の返済

小泉貴也（23歳）

NO.29

出身／千葉県佐原市　最終学歴／大学卒
現在の居住地／東京都北区　居住形態／賃貸アパート
職業／金属加工会社勤務　収入／月収約21万円
家庭状況／独身

「1ヶ月に使えるお金が2万3000円も少なくなるというのは死活問題ですね。1日にしたら800円程度じゃないかと思うけど、現実はそんなものではありませんよ」

社会人になって8ヶ月目になる小泉さんは2ヶ月前から貸与された奨学金の返済を始めたのだが、これが重たく生活を切り詰めなければならなくなった。

「苦労して大学を卒業し、何とか正社員で就職することができた。さあ、これからだと意気込んでいたのですが、機構（日本学生支援機構）から通知が来て貸与した奨学金の返済を始めろと知らせてきたんです」

この通知を読んであらためて気付かされた。「自分は借金漬けなんだ」と。

「大学はM大でして、授業料だけは親が出してくれたのですが、それ以外は全て自分で賄わなければなりませんでした。仕送りは望めなくても奨学金とアルバイトをいくつかやれば何とか勉強できる。自分の将来の選択肢という観点からも大学卒の履歴は必要だと思い進学しました」

無利子でいい第一種は高校時代の成績が届かず不可。そのため利子が付く第二種奨学金を貸与してもらうことになった。

「**正直、返済のことまで考えが回らなかった。これで進学できるという安堵感の方が大きかったですね**。貸与というのは借りたもの、借りたものには利子を付けて返す義務と責任があるということなんですよね」

貸与してもらった奨学金は月10万円、4年間の総額は480万円に上る。返済については利子が年利約1・6％で20年（240回）かけて返すという取り決めだ。

「**1ヶ月の返済額は2万3300円なので返済総額は560万円近くにも膨れます**。実家の近辺だったら2DKの中古マンションが買える金額です。電卓を叩いて頭が痛くなった」

今年4月入社の新入社員だから給料はまだ安い。諸々合わせた額面が約21万円、手取りだと17万円と少しほどの額だということだ。

「家賃と管理費で6万2000円、水道光熱費が1万円。残った10万円のうち2万円は貯金していたのですが、先々月からはこれがそっくり返済に回っています。自動車教習所の免許ローンの返済も約1万円あるから生活費として使えるのは7万円です」

手っとり早い倹約は食費を削ること。以前だと朝はファストフード店のセットメニューか会社が入っているビルの地下にあるコンビニで惣菜パンと飲み物を買っていた。これが400円ほどかかっていたが今は自宅で食パンを焼き、海苔の佃煮やスライスチーズを乗せてかじっている。昼も社食が基本で外回りなどで利用できないときはワンコインですむ店しか入らない。

「前は平気で自販機の飲物を買っていたけど今は家で淹れた緑茶や麦茶をペットボトルに移しかえたり、ステンレス製の保冷水筒に入れて会社に持参しています」

学生のときから余裕がなかったから料理はそこそこできる。日曜日は安い食材を買って1週間分の夕飯を作り溜めし、帰宅してから解凍して食べている。

こうやって倹約生活を始めたが予想しない出費もあるから頭が痛い。

「奥歯の詰め物が取れて歯医者さんに通ったら5回の通院で治療費は1万2000円。副鼻腔炎で耳鼻科医院に3週間通ったときには治療費と薬代で7000円もかかってしまった。

会社員になると付き合いというものもあるしね」

一般事務職の先輩ＯＬが寿退職したときは送別会と餞別で５０００円の臨時出費だった。入社してまだ1年にもならず、仕事以外ではほとんど会話をしたことがないおばさんＯＬのために何で俺が身銭を切らにゃならんのだと思った。

「来年度になると今年の所得に対して住民税が課税されるわけだから少し昇給しても手取りの収入は今よりも低くなる。**ちゃんと返済できるか心配だ**」

先輩社員に聞いた話ではバブル崩壊後の94年とリーマンショックが起きたあとの09年には大規模なリストラが実施されたという。もしも会社の業績が悪化し、リストラ対象者になったら返済など不可能だ。

手続きをすれば返済を猶予されるらしいが免除されるわけではない。返済を待ってもらっている期間にも利子が付くのだから返済総額が膨れていく。いつまで経っても返済が追いかけてくるのだから精神的におかしくなってしまう。

「確実に返済計画を履行するためにはとにかく固定費を削減すること。引越しも考えています」

小泉さんの自宅アパートはＪＲ赤羽駅から徒歩10分ほどのところで、家賃は管理費込みで６万２０００円。京浜東北線で駅２つ先の埼玉県川口市、蕨市なら今と同じような条件で

１万円以上も家賃が安くなるからだ。

ここまで返済のことを気にかけている理由は「滞らせたら大変なことになる」からだ。

返済が３ヶ月遅れると延滞利息の請求と元本の一括返済を迫られることもあるのだ。資力がないから返済が遅れるわけで、全部返せと迫られても払いきれるわけがない。その場合は連帯保証人のところへ請求書が送りつけられる。そんな事態は避けたい。

「将来設計も描きにくいですね。世間一般並みに30歳前後で結婚となっても、まだ３６０万円以上の借金を背負っていることになるのだから」

ある程度のまとまったお金を繰り上げ返済するという手もあるが、若いうちは収入が低いから無理な話だ。

「順調に返済できても返し終えるのは43歳か、長いなあ……」

返済したのは３回分で約７万円、残金は元利合計で約５５３万円。目眩のする金額だ。

嗚呼、東京流れ者

今井雅人（30歳）

NO.30

出身／高知県高知市　最終学歴／高校卒
現在の居住地／主に都内　居住形態／ネットカフェ、サウナなど
職業／短期就労の日払い仕事　収入／日給8000円前後
家庭状況／独身

ＪＲ秋葉原駅近くの雑居ビル、１階は海鮮料理屋が入っているが2階から4階までの３フロアはマンガ喫茶&ネットカフェが占めている。

21時を過ぎたのを確認すると今井さんはエレベーターに乗って受付のある2階に上がった。

「4階の33番を」

受付のカウンターにはパソコンの画面上に空いているブースが表示されている。ナイトパックで10時間の利用料は１５８０円。２０００円を内金として払うと引換えにレシートと

テレビのリモコン、おしぼりが入ったバスケットを渡される。レシートには入場21時09分と打刻されている。これで明日の7時までは居場所を確保した。

「ごゆっくりどうぞ」

女性店員のマニュアル通りの愛想笑いに送られて今井さんは4階のブースに入った。今井さんが選んだのはフローリングの個室ということになっているが奥行きは2メートル弱で幅は1メートルという極小なスペース。床は高床式になっているが茶色いカーペット絨毯が敷かれているだけで潰れかかったマットが1枚置いてある。

両隣との仕切りは薄っぺらい合板1枚、引き戸には鍵も付いていない。どう見ても快適とは言い難いが野宿するよりはましだ。

「ネットカフェ暮らしの始まりは去年（14年）の2月末です。都内の自動車関連の部品工場で派遣社員をしていたのですが体調を崩して辞めさせられたわけです」

今井さんは地元の高校を卒業して県内の木材加工会社に就職、工場勤務で約7年4ヶ月勤めたが会社が12年8月に倒産して失業の憂き目に遇ってしまった。

「次の仕事を探して就職活動に励んだけど田舎じゃろくな仕事がない。アルバイトでさえ奪い合いという感じでしたね。失業手当が終了してからは農家の手伝いをやっていました」

こんな状況のときに地元のハローワークで見つけたのが製造業派遣。月収25万円以上可、赴任費用負担、寮完備、直接雇用への転換ありとなっていた。雇用環境が厳しい地方では破格の条件だった。

「駄賃稼ぎみたいなことやっていてもしょうがないでしょ。話半分としても地元にいるよりはいいと思って上京してきたわけです」

13年1月から都内の印刷工場に配置されオフセット印刷機のオペレーターとして勤務していたが1年ほど経った頃に風邪をこじらせ気管支炎を併発。1週間仕事を休んだら雇い止めにされてしまったということだ。

クビになったら寮も出ていかなくてはならない。ネットでウィークリーマンションを探し、そこを拠点に就職活動をしたが上手くいかなかった。20代後半（失職時29歳）という年齢と住所がないことがマイナスになったのだろう。

「失業手当がある期間はどうにかなったけど終了したらまったくの無収入。**蓄えなんて微々たるものだから手持ちのお金が底をつくまでに収入を得る算段を立てないと、本当にホームレスになってしまう**。そこで身元保証人や住民票が必要なく、日払いも可能な日々紹介を扱っている人材会社に登録して日雇い仕事をやるようになったんです」

斡旋される仕事は工場での流れ作業や倉庫での商品仕分け、イベント会場の設営と撤去作業など。仕事があれば何でもやるが月収は13～15万円程度だ。

「ウィークリーマンションの使用料は週あたり2万4000円だから1ヶ月にすると9万6000円、とても払いきれません。仕事場も3〜5ヨで頻繁に変わります。それなら仕事先に近いところで寝泊まりした方がいいと思いました」

この日の今井さんは秋葉原のネットカフェを利用したが仕事の入り方次第では新宿、渋谷、中野、北千住などのネットカフェやサウナをぐるぐる回っている。

「アパートを借りて定職に就くまでの辛抱だと思い、できるだけ倹約してお金を残すようにしているけどなかなかねえ」

1ヶ月の支出は宿代が4万8000円前後。家がないから食事は外食ばかり。弁当や惣菜パンをスーパーの特売品や売れ残りの半額処分品で賄っても4万円は必要だ。その他にも携帯代、コインランドリー代、コインロッカー代などの雑費が3万円。コツコツ貯めてもアパートを借りるための初期費用が作れない。

「こんなことしてても先が見えないから高知へ帰ろうかと思うけど、帰ったところで仕事なんてないだろうしな」

今井さんは末っ子で両親はもう年金暮らし。実家はひと回り上の長兄が後を継いでいて兄嫁がすべて取り仕切っているという。「今更そんなところに帰りたくない」という事情もあるのだ。

「ハローワークには何度も足を運んでいるけど住所がないというのが致命的です。こっちの事情を説明しても『それは困りましたねえ』『住民票は必須ですよ、揃えられなければこちらも対応しかねます』で終わりです」

住所を持たないのではなく、持てないのに「普通にアパートを借りなさい」と説教されたりすると心が折れそうになってしまう。

住所がなければ就職活動ができない。就職できないから当座の生活費を稼ぐために日払い、週払いの仕事で糊口をしのぐ。しかし、そういう仕事は低賃金であり、部屋を借りるためのまとまった資金を作るのは難しい。完全な負のスパイラルに陥っている。

「人材会社には何でもＯＫだから仕事を回してくれと頼んである。１日でも早くこんな暮しからは抜け出したい。肉体的にも精神的にも辛いからね」

期間工の方がまだましだ

渡辺睦生（33歳）

NO.31

出身／東京都足立区　最終学歴／高校卒
現在の居住地／東京都板橋区　居住形態／賃貸アパート
職業／内装工　収入／日給8000円
家庭状況／独身

「今の仕事は早く辞めたいんだよね。ガチガチの肉体労働だから身体に堪える。とにかく安く使われていますしね。いくら一人暮らしでも月17、8万円でやっていくのは苦しいですよ。物価はどんどん上がっているわけだから」

渡辺さんは都内の工務店で働き始めて1年2ヶ月になるが、先月からは仕事が空いた日はハローワーク通いをしている。

「元々は都立の工業高校を卒業して中堅の食品会社に就職したんです。ところが震災の直後に倒産してしまいましてね。半年ほどはバイトで食いつなぎ、求人情報誌を見て大手印刷会社の工場で期間従業員として働くようになったわけです」

工場での仕事は用紙の運搬やセッティング、オフセット印刷機の調整と運転など。期間工とはいえ業界大手の会社だから待遇は悪くなかった。

「基本的には日給制ですが平日残業が30時間、月2、3回の土日出勤もあったから月収は22万円程度はありました。正社員のボーナスに相当する期末手当も半期で20万円は出ていました」

年収にするとざっと300万円で社会保険にも加入できた。渡辺さんは自宅からの通勤だったが地方から着任した人は個室の寮が月6000円で利用できる。

契約満了で辞める場合には働いていた期間に応じた満期慰労金の支給もあり、有期の期間従業員でも規模の小さい中小、零細企業より遥かに上だった。

「契約は1年ごとで丸2年働きました。正社員への登用制度はあったけど自分より先に入社した人でも登用試験に受からないみたいでして。会社は契約更新すると言ってきたのですが正社員に昇格できる見込みは低そう。それなら、いっそ手に職を付けた方がいいかなと思ったわけです」

今の工務店にはハローワークの紹介で入ったのだが事前の話とかなり違っている。はっきり言えば騙された感が強い。

「まず社員ではなく請負の職人見習いという扱いなんです」

社員でないということは社会保険には未加入で、健康保険は職域別の国民健康保険組合に個人で加入。厚生年金はないから国民年金に変更。当然だが雇用保険にも入れない。

「賃金の支払い方もかなりでたらめだな」

報酬は固定で日給８０００円、これだけだ。自宅から現場までの交通費も自己負担。労働時間は8時から17時と決められているが現場によっては20時、21時まで作業しなければならないこともある。ところがオーバー分にはビタ一文払わない。

「15時、16時に仕事が上がるということもあるので相殺だという言い種です。そういう話じゃないと思うけど」

仕事も重労働で、天井ボードの取り付けを1日やったら腕が上がらないほどの筋肉痛になる。同じ現場で塗装作業があると刺激臭で目がチカチカ、喉がヒリヒリしてくる。衛生管理や安全管理はまったくいい加減だと思う。

日給については、経営者は仕事の熟練度で上げていくと言っているが定かではない。決まった休日もなく仕事には危険がつきまとう。はっきり言って「やってられない！」というのが本音。

「一番の不満は、やはり収入のことになりますね。平均すると月22日働いているけど月収は

17万6000円。ここから自分で健康保険と国民年金の保険料を払ったら残るのは14万円ぐらい。交通費が自分持ちだから生活費として残るのは13万円前後というレベル。貧乏だと思うよ」

住まいの維持に約7万円。あとはほとんどが食費に消えていく。

「朝はコンビニの菓子パンと牛乳、昼は現場近くの飲食店。夜は自炊してと思うけど疲れてそれどころじゃありません。結局、中華屋とかスーパーの弁当ですましてしまう。エンゲル係数は恐ろしく高い」

こんな暮らしぶりだから蓄えなど作れるわけがない。食品会社と印刷会社に勤めていたときは月々2万円前後を郵便貯金し、それなりの蓄えを作ったが現在は赤字になる月もあるので取り崩すこともある。内装工見習いになってからの約1年2ヶ月で引き出した金額は30万円以上だ。

「**年齢が上の職人さんたちは、若いんだからこんな仕事しなくてもいいだろう。ちゃんとした会社勤めの方が生活は安定すると言っていますよ。**自分でもそう思うね」

ガテン系なんて格好つけても昔の日雇いやタコ部屋と変わらない。いい加減な業者が存在しているのは事実だ。

ハローワークにはこの3ヶ月ほど通っているが正社員の求人は期待していたほど多くな

い。それでも自動車、自動車関連、電機、食品、飲料などの大手企業が期間契約の工場従業員を募集するようになってきた。

「モデルケースだと普通に働けば月収25~27万円ぐらいが当たり前です。ボーナスや満期慰労金も出るっていうしね。社会保険も完備だから安心感もある。そりゃ、最初から大手の正社員になれればいいけど、期間工でも今よりまともなところだと思うね」

地方の工場に行く気はないので今はまだ様子見しているが都内か近郊で大手製造業が募集していたら迷わず応募してみるつもりだ。

「少し前の新聞に建設業が人手不足で大変だという記事があって、その中で役所(厚生労働省)が事業主に社会保険への加入を徹底させるよう指導すると書いてあった。そんなの当たり前だろ。当たり前のことが出来ていないのだから人が来るわけないよ」

記事には人手不足解消の手立てとして外国人を技術実習生として採用するということも書いてあったが、「今度は外国人を利用するってのか」と怒りが込み上げてきた。

NO.32

若手銀行マンの給料事情

永島圭介（26歳）

出身／岐阜県大垣市　最終学歴／大学卒
現在の居住地／愛知県豊橋市　居住形態／社員寮
職業／銀行員　収入／年収約280万円
家庭状況／独身

「**銀行員は高給取りだというのは誤解でしょ**。雑誌などでは30歳で700万円、40代半ばなら1000万円以上の年収と書いてあるけど、それはメガバンクに勤めている人の中でもトップを走っている人のことですよ。地方の第二地銀中位行ではまったく事情が異なります」

永島さんは大学卒業後、中京地域に本店を構える地方銀行に就職。今年で入行3年目の若手。

「仕事は支店勤務で渉外を担当しています。外回りの営業ですね」

仕事はハードで毎朝6時に起床して出勤、1日に20軒以上の融資先を回っている。基本的には法人営業が主な職務だが得意先企業に勤める社員さんたちにも定期預金、外貨預金のセールスをしたり住宅ローンの相談なども受けている。

「銀行って午後3時にシャッターが閉まるけど、それからの仕事の方が大変なんです。窓口では勘定が合わなかったら夜8時、9時まで精算のやり直しをしているし、法人部門は融資の審査や企業情報のチェックなどに追われます」

帰宅できるのは連日20時過ぎ。だが手取りの給料は約17万円。年収はボーナスを入れても手取りで280万円程度だという。

「正直、少ないと思いますよ。**銀行って初任給が低く設定されているし年次を重ねて社内資格が昇格しないと給料が上がらないシステムになっているんです。**わたしなんて入行3年目だからまだ半人前扱いで世間が想像するほどの給料はもらっていません」

勤務評定が標準なら4年目に社内資格が一階級上がって基本給のベースが大きく上がり以後は勤続年数と勤務評定、業績などで上昇カーブを描いていくが同期間の格差は大きく上と下では年収で200万円近い差が生じることもある。

「先輩行員の話では30代前半で500万円、40代後半で700万円の年収になるそうですが賃金体系の見直しがありそうなので今後はどうなるのか不安ですね」

仕事そのものに対しては「割り切ってやっている」という。

「貸し剥がしなんて普通のことだし、住宅ローンを焦げつかせた人に差押えや競売の手続きをしたりすることもある。きれいな仕事ばかりじゃないから」

こういうことに耐えられず辞めていく人も多い。

「1年上の先輩の代は80人中12人くらい辞めているらしい。**ノイローゼになったり失踪した人もいるという噂です**」

仕事のプレッシャー、給料の不満に加えて住んでいる独身寮についても「何とかしてくれ」と思っている。

「使用料は月額8000円と安いけど、とにかくボロい。築30年以上経っているでしょうね。寮生たちは東海大地震が発生したら完全に倒壊するって不安がってます。部屋は6畳ですが壁はしみだらけ。夏になるとゴキブリが大量発生するんです。共用の洗濯機も洗濯槽はカビだらけで寮長が総務部に善処を要求したけどなしのつぶてですよ」

生活は質素を通り越して貧困層に近いと自嘲する。

「晩飯はコンビニ弁当か安い飲食店が定番になっちゃった。昔は寮母さんがいて朝と夜は食事を作ってくれていたそうですが経費削減なのか今はただの宿泊所みたいです」

ヘトヘトになって帰ってもくだらないテレビ番組を観ながら弁当をかき込み、風呂に入って寝るだけ。夢も楽しみもない生活だという。

「仕事で破産した人やお金で人生を棒に振った人を見ているので、とにかく無駄遣いをしない習慣が身につきました」

パソコンは持っているが中古店で買った5年落ちのもの、携帯はスマホではなくガラケーで月の使用料は月3000円以内に抑えている。車は持たず必要なときにレンタカーを利用、タバコも吸わない。

「必要のないものはとにかく買わない主義なんです。昔から物欲は低かったな」

ところが1ヶ月の飲み代は相当な額に達しているという。週末はほとんど飲みに出かけ合計5万円近くも遣っているのだ。

「上司や先輩のお供をするのは月に1、2回です。合コンなんてありませんよ、銀行に入ったら綺麗な子がいっぱいいると思っていたけど全然。他の世界の人と出会う機会も少ないから」

飲み会のメンツは大抵が同期か上下一期の親しい人たち。配属されている支店が違うので金曜日の昼頃から誘いのメールが来たり、送ったりして集まっている。

「話題ですか？　仕事のことが大半ですね。融通の利かない石頭の上司の悪口も多い。楽しむというよりガス抜きみたいな感じですよ」

今、一番の楽しみは郷里の岐阜に帰ったときに地元に残っている高校時代の友人と会うこと。

「酔っぱらうと、つい奢っちゃって。『さすが銀行員』なんて煽てられると気分良くなっちゃうけど、家に帰ってレシートを見たら2万円ぐらい払っていることがあり愕然とします」

就職難の時期に第一志望だった銀行に入れたのは運が良かったと思うがこれから先のことについては漠然とした不安がある。

「お上は地銀は一県一行体制にする構想を持っている。そうすると下位行のうちなんか飲み込まれる方だからリストラされる確率が高い。そうはならなくともある年齢に達すると関連会社に出されたり取引先に転籍させられることもある。最後まで銀行員でまっとうできるのは一握りですから」

自分の将来は薄い靄がかかっていると思うことがある。

ブラック企業にサヨナラを

飯倉伸二（30歳）

NO.33

出身／栃木県日光市　最終学歴／大学卒
現在の居住地／東京都練馬区　居住形態／賃貸アパート
職業／飲食店勤務　収入／年収約320万円
家庭状況／独身

「実はまだ会社に籍があるのですが、できるだけ早く辞めたいと思っているんです。もう今年の年初から転職フェアとか合同面接会があるとこっそり参加しています」

飯倉さんの現職は飲食店の店舗スタッフ。会社は都内で洋風居酒屋やダイニングバーを展開している外食産業で飯倉さんは新宿駅近くの大型店に配属されているという。

「もう辞めるつもりだからぶっちゃけて言いますが、やっていて楽しい仕事ではありません。**酔客の相手をしていても得るものなんてないでしょ**。会社のブラック度も高いから」

シニカルな言い方だがこれは偽らざる本音。なぜなら今の仕事は仕方なくやっているからだ。

飯倉さんが都内の中堅私大を卒業したのは07年、就活していたのは景気がやや持ち直してきたと言われていた頃だが希望した企業から内定が得られず進路未定で卒業。大卒フリーターで過ごした期間が2年近くあった。

「もう年齢が25歳になってしまったのでフリーターというわけにはいかないでしょ。とにかく正社員になりたかったからハローワークで募集を見つけて飛びついたわけです。そしたら採用通知が届いたので即決。あとで後悔というわけです」

とにかく求人票に記載されていた各条件はまったくでたらめだった。

「初任給23万円と書いてあって悪くないと思った。**だけど実際は残業50時間分と皆勤手当を含んだ金額だったわけです。本当の基本給は16万円**」

勤務時間も長い。夜の商いだけでなく昼もランチをやっているので勤務体系は早番、遅番の2交替制。早番は10時から19時まで、遅番は14時から23時30分まで。

「当たり前だけどローテーション通りですむわけがない。朝10時から夜10時までぶっ通しということが普通にあります」

辛いのは遅番。看板後の後片付けを終えると深夜1時になることがざら。もう電車もバスも最終を過ぎている。

「比較的近いところに住んでいる人は自転車で通勤しているから帰宅できるけど、そうじゃなかったら始発が動く時間まで店で仮眠するしかない。わたしの場合だと４時半頃まで店に居て西武線が動くのを待っている。アパートに戻れるのに早朝６時頃で昼１時になったら出勤。疲れが取れませんよ」

完全週休２日制となっていたがこれも嘘。週１日休めるのはいい方で人手が足りないときは10日に一度の休みが普通だ。

「それなのに給料の明細書には公休８日と書いてある。休日出勤したはずなのにその賃金は未払いだからね。これって違法行為だよな。こんな状態だから辞めていく人が多い。**わたしみたいな中途も新卒も３年で半分以上がいなくなりますから**」

酷使されているのは店長も同じ。会社の規定では、店長は役員待遇ということにしているので残業代は１円も支払われないらしい。

こんなタコ部屋みたいなところからはさっさとオサラバしたい。だから転職はずっと考えていたし準備もしてきた。

「まず売り物になるものを身に付けようと思い宅地建物取引主任（現在は宅地建物取引士）の資格を取りました。学生のときも第一志望は不動産業だったので仲介会社か開発販売会社で働いてみたいと思っています」

資格試験の勉強は大変だった。まず自由に過ごせる時間が少ない。最初の半年は書店でテキストと過去問集を買い通勤電車の中で勉強。それから通信教育講座を1年受講した。

「それでも最初の試験は落ちました。贅沢を言えば3ヶ月くらい受験勉強に専念したかったけど収入を確保しなくては暮らしが危うくなるからそうもいきません」

昨年、2度目の挑戦で晴れて合格。転職の機会を窺っていたのだ。

「こうやって企業説明会とか合同面接会に参加するのも大変なんですよ。有給休暇を申請してもなかなか認めてくれないんだ。特に今日は金曜日でしょ、飲食業は週末が書き入れ時だから病気にでもならなきゃ休めません」

今日の催しに参加するために飯倉さんは実家の妹に一芝居打ってもらったという。

「昨日の昼前に妹からおばあちゃんが倒れた、もう危ないかもしれないという電話を店に入れてもらったんです。親族が危篤ならうるさい店長も文句言えないから。ピンピンしているおばあちゃんには悪いけど、こうでもしないと休めないんです」

今日の面接会で接触したのは大手不動産直系のマンション販売会社、テナントビル専門の賃貸仲介会社、住宅賃貸仲介会社など5社。

今回の面接で結果が出なくても引き続き転職活動はやっていく。現在の仕事が自分に向いているとは思えないし満足感もない。使えなくなったらガス欠のライターみたいにポイ捨て。そういう事例を何度も見ている。この会社のために頑張ろうという気にはなれないのだ。

出稼ぎ上京物語

三上朋也（31歳）

NO.34

出身／福島県いわき市　最終学歴／高校卒
現在の居住地／東京都荒川区　居住形態／簡易旅館
職業／工場派遣社員　収入／月収21万円前後
家庭状況／独身

「**東京へ出てきたのは早い話が出稼ぎです**。福島出身で高校を出てからもずっと地元の会社で働いていたのですがあの震災で会社が廃業してしまいましてね。向こうでは新しい職を探すのは難しかった。本当は嫌だったけど派遣会社にスタッフ登録して去年（13年）の7月に上京してきたわけです」

三上さんが勤めていたのは地元の印刷会社。主に店舗のチラシ、ＤＭ、パンフレット、リーフレットなどの商業印刷を手掛けていて業歴は35年。規模は中小企業の範疇だが安定した経営をしていたという。

「震災の直接の被害は小さいものでしたが大きい取引先が何社も営業を停止したため自分が勤めていた会社も続けるのは無理になった。そういうことで廃業したわけです」

震災被災者と認定されたため失業手当の支給は延長されたがそれも6ヶ月で打ち切り。以後は観光ホテルの売店、ガソリンスタンド、農家の手伝いなどを短期間やれただけ。

「12年の暮れに市役所の臨時職員に採用されたのですが雇用期間は3ヶ月だけ。**勤務時間が5時間の仕事だったから日給は4250円、1ヶ月働いても8万5000円。これでどうやって暮らしていくんだと思ったよ**」

ハローワークには復興工事に伴う求人が多く来ていたが除染作業だったり建築関係が大多数。しかも日雇い的なものばかりで積極的に働きたいとは思えなかった。そんなときに見つけたのが製造業派遣の募集。

「こんな暮らしを続けていてもしょうがない。あまり気乗りはしなかったけど働かなければ食っていけないわけだからさ」

面接は地元ハローワークの会議室であったが形ばかりのもの。簡単に採用となって13年7月中旬に上京、製缶会社の工場で製造業務に携わることになった。

「**仕事は至って簡単です。ラインの番人みたいなものだから**」

工場では飲料、食品、化粧品用の缶製品を作っていて三上さんの仕事は品物の最終チェック。凹みや印刷のムラがないかを目視で検査するというものだ。

「賃金は時給制です。わたしの場合は1100円。田舎のアルバイトよりは遙かに高い」

1日8時間労働で休日は会社カレンダーによるもの。平日残業が25時間ほどあるので月収は約21万円といったところだ。これも地元の正社員募集にあった条件より少しいい。

「問題はね、寮なんだよ。寄宿舎完備といっていたけど派遣会社がボロいアパートを一棟借りして、それを派遣社員に又貸ししているだけ。おまけに相部屋でね」

この同室者というのがマナーの悪い男で三上さんが買い置きしていた食べ物を盗み食いしたり私物の石鹸やシャンプーを黙って使ったりしたそうだ。

「本当に常識のない男で1週間もしないのに『金貸してくれ』ってせびってきやがった。派遣会社の人に文句は言ったけど『我慢して』でおしまい。いちいち怒るのが馬鹿らしくなって出てきたわけです」

最初は工場に近いところでアパートを借りようとしたが初期費用が20万円は必要だ。そんな大金は出せないので約10日間は上野のネットカフェで暮らしていた。

「パソコンで安い宿と検索したらここ（荒川区、台東区界隈）の旅館が出てきたので試しに来てみたんだ」

東北育ちの三上さんには、ここが通称山谷と呼ばれる日雇い労働者の街だという知識はなかった。だから一歩足を踏み入れて驚いたという。

「歩道橋の下に布団を敷いて寝ているおじいさんがいたし大量のアルミ缶が入ったゴミ袋をリヤカーに積んで引っ張っている人もいた。日が暮れるとアーケード街は野宿する人で溢れているし。**田舎じゃ本物のホームレスなんて見ない。本当にここは日本なのか？　って思いました**」

三上さんが現在投宿しているのは1泊2000円の簡易旅館、山谷界隈では平均的な料金だ。

「3畳の部屋だから布団を敷いたら足の踏み場もない狭さだけどテレビはあるし共同浴場もある。玄関の横が共用スペースになっていてインターネットもできる。驚きの快適さですよ」

1泊2000円だから1ヶ月にすると6万円の出費になるがネットカフェに泊まるとするとナイトパックでも1500円前後で銭湯へ行ったら460円。寒くて毛布を借りたら300円請求される。これに比べたら簡易旅館に泊まる方が遙かに安い。

仮に家賃4万7、8000円のアパートを借りられたとしても水道光熱費を加えたら6万円前後になるからトントンだ。そう考えると悪くはない。

「工場への通勤費は自腹になるけど定期券を買えば1日当たり250円ですむ。飲食店の値段も余所より安いから生活する分には不自由ありませんよ」

額面で約21万円の給料から社会保険料と所得税を天引きされた手取り収入は約17万円。ここから宿代6万円を出し、食費他の雑費を5万円までに収めて残りはすべて貯金している。生活するには不自由はないがずっと簡易旅館で暮らしていくわけにはいかないから。

「今年は2月と8月に帰省しました。向こうで適当な仕事はないかとハローワークへ行ったけど駄目でしたね。まったく仕事がないというわけじゃないんですが正社員でも月給16万円程度のものばかりでしたよ。これなら東京で正社員の仕事を探した方がいいと思いました」

可能なら知識と経験がある印刷関係の仕事に就きたいのでハローワークへ行ったり求人広告をチェックしているが正社員で採用されるには東京での住所が絶対に必要だ。

「今はアパートを借りる資金を作るために必死で働き、できるだけ貯金しています。**路上で寝るような人間にはなりたくないから**」

安定した仕事と収入、家のある生活がどれほどありがたいかが身に沁みる。

おわりに

本書は年々深刻化するワーキングプア問題に焦点をあて、実際にワーキングプアに陥ってしまった人、その寸前まで追い詰められている人たちを紹介した。

読了した感想はどのようなものだろう？　既にワーキングプアと言われる状況にいる人は「自分と同じような境遇の人がこんなにいる」「辛いのは自分だけじゃない」と少しだけ気が休まるかもしれない。そう思ってもらえるなら著者としても救いがある。

問題なのは中流以上のポジションにいて危機感の希薄な人たちだ。「ふーん、世の中にはこんな貧乏人がいるのか」「こんな稼ぎで恥ずかしくないのかね」「自分の毛並み、経歴は一級品。間違ってもこんな惨めな人間に落ちぶれることはない」「ただ文句を言っているだけ、自己責任でしょ」。こんな感想を持つ人が多いのではないかと思うが、実はこういう人がデッドラインにいることがある。

この15年ぐらいの労働現場を見てみると人件費は安いに越したことはない、仕事がなくなれば辞めるのが当然、正規雇用は可能なかぎり縮小したいという流れだ。今日のエリートサラリーマンが明日は余剰人員ということだってあり得る。

既に定型の事務処理や製造現場は契約社員、派遣社員などに置き換えられているが、この先は人件費の高い正社員が標的になるのは目に見えている。政府の肝入りである産業競争力会議では正社員を解雇しやすくする解雇規制の緩和が議論され始めたし、金でクビを切る金銭解決制度も導入される公算が大きい。それだけでなく、労使協議の必要性や合理的選定基準など整理解雇の際の制約まで骨抜きにしようとしている。正社員の地位は昔とは比べ物にならないほど軽くなっていくだろう。

ここで最大の標的になるのが相対的に人件費が高く、ポストもない中高年。あるいはバブル期の大量採用組だ。経営者はこういう人たちを切り捨てたくてウズウズしている。何とかリストラだけは免れても限定社員、準社員など正社員からの降格という事態が待っているかもしれない。正社員であっても高い専門性を持つ一握り以外は辞めてくれ。これが経営側の本音だと思っておいた方がいい。終身雇用制度の維持が困難になってきている現在では、こうしたリスクと無縁な人は少数派だろう。

本文でも紹介しているが、つい数年前までは管理職としてバリバリ働き平均以上の収入を得ていた人が賃金体系の変更、リストラ、倒産などで突然、ワーキングプアに転落してしまったという事例は掃いて捨てるほど転がっている。「自分は決してこんなことにはならない」と言い切れる人はどれくらいいるだろう。

本書を読んだ人の感想や考え方は人それぞれだろうが筆者として強調したいのは、ワーキングプアは対岸の火事ではないということ。働いているすべての人がいつでもワーキングプア状態に陥るリスクを抱えている。そして残念なことに一度なってしまうと雇用慣行や社会福祉の貧弱さから脱出するのが極めて難しいという事実。

本書が、読者諸兄がワーキングプア問題を考えるきっかけのひとつにでもなってくれれば筆者としてうれしく思います。

２０１５年10月　増田明利

〈著者プロフィール〉

増田明利（ますだ・あきとし）

昭和36年生まれ。昭和55年都立中野工業高校卒。

ルポライターとして取材活動を続けながら、現在は不動産管理会社に勤務。

平成15年よりホームレス支援者、ＮＰＯ関係者との交流を持ち、長引く不況の現実や深刻な格差社会の現状を知り、声なき彼らの代弁者たらんと今回の取材を行う。

著書に「今日、ホームレスになった―平成格差社会編―」「今日、派遣をクビになった」「今日から日雇い労働者になった」「本当にヤバイ就職活動」「今日、会社が倒産した 」（いずれも彩図社）、「不況!! 東京路上サバイバル　ホームレス、28人の履歴書」（恒友出版）、「仕事がない！―求職中36人の叫び」（平凡社）がある。

今日からワーキングプアになった
―底辺労働にあえぐ34人の素顔―

平成27年11月2日　第1刷

著　者　増田明利

発行人　山田有司

発行所　株式会社　彩図社《さいずしゃ》

〒170-0005 東京都豊島区南大塚3-24-4 ＭＴビル
TEL:03-5985-8213
FAX:03-5985-8224

印刷所　新灯印刷株式会社

URL：http://www.saiz.co.jp
Twitter：https://twitter.com/saiz_sha

 ISBN978-4-8013-0107-8 C0136

現代社会の闇をえぐる増田明利の本

今日、ホームレスになった
—15人のサラリーマン転落人生—

ISBN978-4-88392-872-9　文庫判　定価：619円＋税

リストラ、倒産、ギャンブル、バブル崩壊、一家離散、住宅ローン……。順風満帆だった人生が突然崩壊する！　衝撃のノンフィクション。本書に書かれていることは他人事ではない。

今日、ホームレスになった
—平成格差社会編—

ISBN978-4-88392-924-5　B6判　定価：524円＋税

リーマンショック、震災不況、リストラ、倒産……。混迷する社会情勢の中で、ますます深刻化する格差問題。「まさか、自分がこうなるとは…」。16人のホームレスの肉声が突き刺さる。

今日から日雇い労働者になった
—日給6000円の仕事の現場—

ISBN978-4-8013-0025-5　文庫判　定価：619円＋税

１万円のタネ銭を持ち、日雇い労働＆宿なし生活を１ヶ月間、敢行。ホームレス、ネットカフェ難民、日雇い労働者の生活とは？　骨太ノンフィクション。

今日、会社が倒産した
—16人の企業倒産ドキュメンタリー—

ISBN978-4-88392-923-8　46判　定価：1200円＋税

順風満帆な人生が、ある日突然、暗転する「倒産」という事件。本書では、倒産に巻き込まれた16人のインタビューを収録。青天の霹靂の倒産、その時、あなたはどうしますか？